***ACCESO GRATIS** a la Lectura en la Nube*

Para visualizar el libro electrónico en la nube de lectura envíe junto a su nombre y apellidos una fotografía del código de barras situado en la contraportada del libro y otra del ticket de compra a la dirección:

ebooktirant@tirant.com

En un máximo de 72 horas laborales le enviaremos el código de acceso con sus instrucciones.

MUJERES DE ETA, MUJERES CONTRA ETA

Del territorio a la defensa de la libertad

MUJERES DE ETA, MUJERES CONTRA ETA

Del territorio a la defensa de la libertad

Coordinadores:

Vanesa Berlanga Silvente
Manuela Simón Fernández
Sergio Rodríguez López-Ros

tirant lo blanch
Valencia, 2026

En caso de erratas y actualizaciones, la Editorial Tirant lo Blanch publicará la pertinente corrección en la página web www.tirant.com.

Director de la Colección:
JOSÉ LUIS GONZÁLEZ CUSSAC
Universidad de Valencia

© TIRANT LO BLANCH
EDITA: TIRANT LO BLANCH
C/ Artes Gráficas, 14 - 46010 - Valencia
TELFS.: 96/361 00 48 - 50
FAX: 96/369 41 51
Email: tlb@tirant.com
www.tirant.com
Librería virtual: www.tirant.es
DEPÓSITO LEGAL: V-467-2026
ISBN: 979-13-7021-623-8
MAQUETA: Tink Factoría de Color

Si tiene alguna queja o sugerencia, envíenos un mail a: *atencioncliente@tirant.com*. En caso de no ser atendida su sugerencia, por favor, lea en *www.tirant.net/index.php/empresa/politicas-de-empresa* nuestro procedimiento de quejas.

Responsabilidad Social Corporativa: http://www.tirant.net/Docs/RSCTirant.pdf

Autores

Javier Barraycoa Martínez

Vanesa Berlanga Silvente

Cristina Pinilla Cabanillas

Marcial Piriz de Vargas-Machuca

Sergio Rodríguez López-Ros

Manuel Sánchez Corbí

Manuela Simón Fernández

Índice

Prólogo

Es necesario avisar en este inicio que tratar en exclusividad sobre la mujer puede interpretarse de manera errónea y/o comparativa con el hombre, nada más lejos de la intención de los que exponen sus tesis en este libro; los juicios y valoraciones que se hacen están desprovistos de cualquier sesgo o intencionalidad torticera.

Vayamos pues a lo que realmente interesa al lector neutral.

Mucho se ha escrito sobre la banda terrorista ETA, quizás no aún lo suficiente, y sobre los terroristas que atemorizaron a un país y a una sociedad durante cincuenta años. Y es necesario hacerlo, para tener un mapa concreto de lo que aquella lacra significó, desde todos los ángulos, y también, como no, sobre cuál fue la participación femenina en ETA, con todos sus matices. Este libro, como otros que han tratado el tema, pretende humildemente aportar más detalles, más información, más opinión, y más análisis sobre el rol de la mujer terrorista de ETA.

La banda terrorista ETA fue tramposa en sus orígenes, su verdadera cara se dejó ver en democracia; no nació para acabar con el franquismo, como así proclamaron a los cuatro vientos, con mucho "tonto útil" que se creyó ese eslogan. Siempre quiso y buscó la independencia del País Vasco a través del asesinato, secuestro y terror; pero su aventura fracasó, la sociedad española y sus instituciones la derrotaron, y en gran parte gracias al mérito y esfuerzo de la Guardia Civil y los guardias civiles.

A finales de los años 50, cuando la banda terrorista empieza a aparecer en los primeros pasquines, la sociedad del momento podía asociar la violencia a la virilidad, al hombre, al que se identifica con la lucha política que ya se deja entrever en el horizonte; la mujer no formaría parte entonces de ese futuro imaginado.

ETA nace cuando el papel de la mujer en España era "secundario", y eso se reflejó también en las filas de la banda terrorista, valga como mejor ejemplo que no hubo ninguna mujer entre los fundadores, y tardarían en aparecer entre las cúpulas de los distintos aparatos en los que se estructuraba. Los años cambiarían esa creencia hasta situarlas al mismo nivel que los hombres e incluso otorgarles, de manera no siempre contrastada, un plus de crueldad sobre sus compañeros varones.

Los primeros atentados se realizan en los años 60, la participación de mujeres en los mismos lo fue en tareas de apoyo y cobertura, un mero acompañante al varón terrorista en el momento del atentado para así pasar más desapercibidos. Con el paso de los años, a partir de los 80, esos primeros roles fueron variando hasta no haber distinciones entre los terroristas varones y mujeres. Si hubiera que adelantar alguna conclusión sobre la presencia de la mujer en la banda terrorista ETA podríamos decir que fue muy útil; esta tesis se irá desarrollando según avancen las páginas del libro.

En la parte menos operativa del entramado terrorista (la menos asesina pero con igual culpabilidad), en lo que se llamó erróneamente el Movimiento de Liberación Nacional Vasco (MLNV), la primera organización feminista de ese nacionalismo radical se creó en 1978 (casi 20 años después del nacimiento de ETA) dentro de la "Koordinadora Abertzale Sozialista —KAS—", y se llamó "KAS Emakumeak" (KAS Mujeres); en 1981 pasó a llamarse Aizan, pero nunca tuvo la fuerza, representación y estatus de otras agrupaciones del colectivo, del que hay que recordar formaba parte la misma ETA. En ambas organizaciones se empezó a debatir sobre la marginación de la mujer en el MLNV y por consecuencia en ETA; se propugnaba la participación de la mujer en la "lucha armada", citamos varios pasajes ilustrativos y clarificadores de sus documentos internos: "*...la mujer no debe quedarse de brazos cruzados, esperando la llegada del socialismo que la libere, puede encontrase con un socialismo hecho por los hombres para los hombres...*", y "*...la única manera de conseguir la eliminación patriarcal que sufrían las mujeres era mediante la proclamación de la independencia...*". Se alzaban las primeras voces que se enfrentaban al "machismo de ETA", machismo representado por la jerarquía y mayoría de los militantes varones.

Analizar la presencia de la mujer en el mundillo terrorista de ETA, y consecuentemente, la participación de las mujeres guardias civiles y policías que contribuyeron a acabar con la banda terrorista, tiene su razón de ser, se expone en varios capítulos, y da sentido al presente libro; su título, "MUJERES DE ETA, MUJERES CONTRA ETA" abre un abanico de puntos de vista, bien abordados en sus varios epígrafes.

Asimismo, se han reservado dos capítulos específicos para rendir un merecido reconocimiento a la labor de las mujeres de la Guardia Civil y de la Policía Nacional en la lucha contra ETA. Su papel, durante décadas invisibilizado o relegado a un segundo plano, fue en realidad fundamental: desde labores de información e investigación hasta la participación directa en operaciones de neutralización y desarticulación de comandos. Estas páginas buscan resaltar el valor, la profesionalidad y la entrega de aquellas mujeres que, en un entorno marcado por la violencia terrorista y por estructuras sociales aún muy masculinizadas, supieron abrir camino y dejar una huella imborrable en la memoria de la seguridad española.

Del mismo modo, se pone de relieve cómo su presencia en las filas de ambas instituciones representó un avance no solo en términos de igualdad, sino también en eficacia operativa frente al terrorismo. La incorporación femenina en cuerpos como la Guardia Civil y la Policía Nacional aportó nuevas perspectivas, permitió desactivar estereotipos que los propios terroristas trataban de aprovechar y, en muchos casos, facilitó el éxito de operaciones que resultaron decisivas en la derrota de ETA. Estos capítulos, lejos de constituir un mero añadido, forman parte esencial del relato de resistencia y victoria de la sociedad española frente al terror.

En la sintética historia de los orígenes de ETA se hace un repaso a su evolución hasta sus últimos días, el terrorismo puro vacío de ideología, desde la reflexión política inicial al terror más irracional, teniendo siempre presente que pretendió alcanzar la independencia del País Vasco a través de los muertos, asesinados de todas las maneras imaginables, a cuál más cruel.

Una primera conclusión, tras la lectura del libro, es la afirmación de que la mujer llegó a ETA por adaptación a la propia dinámica operativa de los terroristas; la mujer terrorista de ETA desembarcó en la banda por necesidades operativas. La comparación con la presencia femenina en otros grupos terroristas resulta interesante, y refleja las diferentes sociedades civiles en las que unos y otros, asesinos y asesinados, nacieron.

También se ha atribuido a muchas terroristas que su implicación en favor de la banda terrorista venía dada por mantener o haber mantenido lazos afectivos con terroristas ya enrolados en las filas de ETA. Corresponsabilidad, compañerismo o incluso venganza han sido argumentos realmente utilizados por muchas terroristas para engrasar las filas activas del terrorismo vasco. Adjudicar una vinculación emocional con terroristas ya alistados a todas las recién ingresadas mujeres terroristas no se ajusta a la realidad; cada una tuvo su motivación, su ideal, su razón de arriesgar su vida y su libertad por "su causa", una causa radicalmente opuesta a la libertad y a la democracia.

En ETA los primeros comandos asesinos estaban formados solo por hombres; con la experiencia y el paso de los años, el comando típico estuvo compuesto por dos hombres y una mujer, teniendo esta muchas veces un rol secundario en los atentados terroristas; aunque con el fin de hacer más difícil su detección y sorprender a las fuerzas de seguridad algún caso hubo en el que el comando lo formaban dos mujeres (Comando Galicia, año 2001, desarticulado por la Guardia Civil antes de realizar atentado alguno). Esa mujer sola en un comando con otros dos varones, desde el punto de vista interior, estaba sola y sin otra mujer con quien compartir intimidades y puntos de vista.

Esa adaptación del terrorista al momento y lugar en el que vivían mostró otra situación sorprendente, y que generó críticas entre otros terroristas cuyas "condiciones de vida" eran más duras y exigentes: el jefe terrorista que vivía en Francia como una familia perfecta, conviviendo con otra terrorista, su pareja sentimental, y con hijos fruto de esa unión. Fueron varios los casos en la última etapa de la historia de ETA, los más llamativos los de Mikel Antza y Amboto (jefes del Aparato Político), Kantauri (jefe de Aparato Militar), Esparza Luri (jefe del Aparato Logístico); los tres fueron detenidos en Francia en operaciones de la Guardia Civil, junto a sus parejas (también terroristas en activo) e hijos.

La mujer terrorista estaba bajo "el mando" del dirigente asesino, que la utilizaba de cobertura y de correveidile (excepto Amboto), aunque en ese trajín los guardias civiles investigadores tuvieron constancia, por ser testigos ocultos, de episodios de infidelidad conyugal, cosas de la vida misma.

Por estos "privilegios sentimentales" de los jefes, fueron muchas las "rajadas" internas de otros militantes que sufrían las consecuencias de la clandestinidad en Francia en absoluta soledad, encuadrados en los llamados "taldes de reserva", durante largos meses, recluidos en viviendas precarias, y esperando a serles encomendadas tareas operativas, y sin contacto con sus seres queridos (parejas sentimentales incluidas), por tenerlo así prohibido por la Dirección de la banda, y solo obteniendo tras mucho pedirlo un encuentro corto al año. Ese descontento no pasaba a mayores y se limitaba a murmuraciones entre iguales, tal era el mando autoritario que los dirigentes ejercían sobre el resto de la militancia.

Esa presencia minoritaria de la mujer en la banda terrorista les obligaba a demostrar más que a sus compañeros, a no recular nunca, incluso al revés, a ser las que en muchos comandos mostraban más determinación y empuje a la hora de hacer atentados más arriesgados. Les obligaba también a renunciar a algo único, la maternidad, algo absolutamente incompatible con la militancia activa en los comandos. Como ya se ha mencionado, la composición más frecuente de un comando asesino de ETA era la de dos varones y una mujer, fórmula esta que les ofrecía mayor capacidad de disimulo en sus actividades clandestinas, y también mejores opciones a la hora de planificar y ejecutar sus atentados. Unas pocas que demostraron esa gran capacidad asesina fueron mitificadas, muchas veces con un enfoque más sensacionalista que fiel a la realidad.

A lo largo de tantos años, tanto tratamiento mediático del fenómeno, y tantos protagonistas, evitar la romantización, la estigmatización o la simplificación de la participación de la mujer en ETA era tarea imposible. Son muy populares en el imaginario casos como el de la "Tigresa", presentada como una *femme fatale* por la prensa nacional, cuando realmente era odiada y temida por sus compañeros de comando, no por su aspecto físico sino por su falta de disciplina y temeridad a la hora de cuidar las medidas de seguridad propias; o como el de Carmen Guisasola, la terrorista asesina y despiadada durante una década que finalmente acabó como "arrepentida" traicionando todo aquello por lo que vivió y mató. Pero quizás también la banda terrorista se dejó influir por el género de sus componentes, y se aprovechó de ello para reforzarse, aplicando un castigo ejemplar a Yoyes (asesinato en la plaza pública de su pueblo, en presencia de su hijo menor), la primera mujer que formó parte del Comité Ejecutivo de la banda, y que optó por abandonar la lucha armada, regresando a su pueblo, en contra de la política de ETA para esas situaciones. Tanta demostración de crueldad se acrecentaba por el hecho de aplicársela a una mujer, de esa manera ETA reforzaba su imagen de fortaleza, intransigencia y autoridad ante propios y extraños.

El tratamiento que la justicia dio a las mujeres de ETA también varió a lo largo de la historia, y se modificó en la misma medida en que avanzaba la posición de la mujer en la sociedad española; pasamos de una mayor benevolencia hacia la mujer terrorista en las primeras condenas allá por los años 70 y principios de los 80, a un trato igualitario a partir de los 90.

En definitiva, este libro pretende ser un granito de arena más y aportar conocimiento, memoria y justicia. Va dirigido a investigadores, estudiantes, profesionales de la seguridad y público general interesado en historia y terrorismo.

Manuel Sánchez Corbí

Introducción

El tema del conflicto en el País Vasco y la actividad armada de ETA (Euskadi Ta Askatasuna) ha sido objeto de diferentes análisis desde distintas disciplinas como la historia política y social, así como los estudios de seguridad nacional, pero todavía existen importantes vacíos en cuanto al enfoque del tema desde una perspectiva de género. Durante mucho tiempo, se ha presentado a la militancia terrorista como perteneciente a un ámbito exclusivamente masculino, pasando por alto la presencia y participación de mujeres tanto en las filas armadas como en las fuerzas y cuerpos de seguridad del Estado.

Este libro busca contribuir a una relectura del conflicto con un enfoque centrado en las mujeres involucradas: aquellas que se unieron a ETA y las que combatieron el terrorismo desde las fuerzas policiales. Durante años, su presencia fue relegada a un segundo plano, adjudicándoles roles de colaboradoras secundarias, víctimas pasivas o simples símbolos propagandísticos. La realidad es que la mujer en ETA no solo estuvo presente, sino que desempeñó funciones operativas, ideológicas y logísticas que incrementaron el alcance del terror. Al mismo tiempo, otras mujeres, en el lado opuesto, desde la Policía Nacional y la Guardia Civil, hicieron frente a la amenaza terrorista en condiciones extremadamente difíciles. Este doble enfoque permite comprender mejor la dimensión humana y el contraste entre dos realidades femeninas: las que participaron en la violencia y las que arriesgaron su vida por salvar la de otros.

El objetivo principal de esta obra es dar a conocer el papel de las mujeres en el entorno de la organización terrorista ETA, analizando sus motivaciones, funciones, trayectorias y representación pública. Para ello, se propone una mirada transversal que articula tres dimensiones: ideológica, biográfica y policial. El enfoque adoptado se basa en una perspectiva de género crítica, que considera las dinámicas sociales, simbólicas y culturales que condicionaron la forma en que estas mujeres ejercieron la violencia, y su contrapartida, cómo otras mujeres anónimas defendieron a la sociedad contra esa violencia inusitada. A diferencia de otros estudios centrados únicamente en la violencia masculina, aquí se plantea una lectura integral que visibiliza las zonas grises del conflicto: las mujeres que mataron, las que ordenaron matar, las que sirvieron de apoyo logístico, y también las que pusieron su vida al servicio de la lucha contra el terrorismo.

Esta investigación se ha basado en el estudio de fuentes documentales abiertas y públicas ante la imposibilidad de acceder directamente a sus protagonistas. Además, se incorpora una lectura crítica de representaciones mediáticas y narrativas institucionales, para entender cómo se ha construido —o borrado— la figura de la mujer terrorista y de la mujer policía en la memoria del conflicto. El libro está organizado en cinco capítulos los tres primeros dedicados a la mujer terrorista en los que se aborda una dimensión específica del papel de las mismas en torno a ETA, desde el análisis contextual hasta los perfiles individuales. Y los dos últimos a la mujer Guardia Civil y la mujer Policía afrontando con sus vidas la amenaza terrorista.

El libro no se limita a reconstruir el papel de las mujeres en ETA, sino que también reconoce el trabajo de quienes combatieron a la organización terrorista desde el anonimato de los uniformes. Mujeres guardias civiles y policías nacionales que, en muchos casos, sufrieron un doble reto: enfrentarse a la violencia terrorista y abrirse camino en instituciones marcadas por una fuerte tradición masculina. Este reconocimiento es fundamental para que la memoria del conflicto sea más completa y justa.

El primer capítulo, elaborado por Javier Barraycoa, aborda los fundamentos ideológicos y estratégicos de ETA, desde sus orígenes vinculados al nacionalismo vasco tradicional hasta su consolidación como organización terrorista. Se explican sus divisiones internas, la influencia de Federico Krutwig y la configuración del Movimiento de Liberación Nacional Vasco (MLNV), proporcionando las claves para entender su persistencia durante décadas.

El segundo capítulo, a cargo de Sergio Rodríguez, analiza la participación femenina en ETA y su evolución, desafiando la visión tradicional que la ha minimizado. A través de un enfoque internacional y multidimensional, examina su impacto, los distintos roles desempeñados por las mujeres, las dificultades en los procesos de reintegración y su representación mediática, aportando además una cronología específica de atentados en los que participaron.

El tercer capítulo, escrito por Vanesa Berlanga, se centra en los perfiles individuales de las principales militantes de ETA. Se detallan sus trayectorias, funciones y procesos de radicalización, clasificando los diferentes roles que ocuparon y mostrando cómo se insertaron en la estructura terrorista. Este análisis permite comprender el alcance de su implicación en la violencia y desmontar estereotipos que han presentado la militancia femenina como secundaria.

El cuarto capítulo, elaborado por el Policía Nacional Marcial Píriz, examina el papel de la mujer en la Policía Nacional y su participación activa en la lucha contra ETA. A través de un recorrido histórico y operativo, se muestra cómo su incorporación al cuerpo supuso un cambio estructural y cultural que transformó la institución, ampliando sus capacidades estratégicas y humanas. El capítulo destaca ejemplos concretos de valor, sacrificio y profesionalización, desde los primeros años de integración hasta su presencia en unidades de información y operaciones antiterroristas, donde el compromiso femenino fue clave en la derrota definitiva de la banda terrorista.

El quinto capítulo, elaborado por la Guardia Civil Manuela Simón, profundiza en la incorporación de la mujer a la Guardia Civil y su participación directa en la lucha contra ETA, mostrando tanto su labor operativa como de análisis y el impacto de su integración en un cuerpo tradicionalmente masculino.

En conjunto, los cinco capítulos que componen esta obra ofrecen una mirada integral y crítica sobre el papel de las mujeres en el conflicto vasco, desafiando los relatos unidimensionales que tradicionalmente han dominado el estudio del terrorismo en España.

Desde los cimientos ideológicos de ETA hasta los rostros individuales que encarnaron la violencia, pasando por la acción silenciosa pero decisiva de muchas militantes y el compromiso valiente de quienes desde el otro lado defendieron el Estado de derecho, el libro traza un recorrido necesario por una dimensión olvidada del conflicto: la de las mujeres. Al visibilizar estas historias, se abre también una invitación a pensar el pasado reciente desde nuevas claves interpretativas, más justas, más completas y humanas. A continuación, el lector encontrará el desarrollo de estos análisis, articulados en cinco capítulos que dialogan entre sí y que, en su conjunto, buscan contribuir a una memoria más plural y una comprensión más profunda del fenómeno de ETA.

Al mostrar ambas caras de la historia —la de las etarras y la de las mujeres que las combatieron—, esta obra no busca equiparar sus acciones, sino poner de relieve la complejidad del fenómeno y rescatar del olvido a protagonistas que merecen ocupar un lugar en la memoria colectiva de España.

Cristina Pinilla Cabanillas

CAPÍTULO I
ETA: IDEOLOGÍA, DIVISIONES Y ENTORNO POLÍTICO

JAVIER BARRAYCOA MARTÍNEZ

Los orígenes de ETA y sus vinculaciones con el PNV

Este capítulo introduce los fundamentos ideológicos y estratégicos de ETA, pero conviene subrayar que esta base doctrinal no fue neutra en términos de género. La visión etnicista y revolucionaria de la organización terrorista no solo sirvió para justificar la violencia contra el Estado, sino que también facilitó la incorporación de mujeres a distintas estructuras de apoyo y acción directa. Estas primeras adhesiones femeninas no respondieron a un impulso espontáneo, sino que se produjeron dentro de un entramado ideológico que glorificaba el sacrificio individual por la causa. Entender ese contexto es clave para analizar después el papel que estas mujeres desempeñarían en la banda.

En sus primeros años, ETA contó con el apoyo tácito de los partidos de izquierda, que vieron en la organización terrorista una herramienta útil para combatir al régimen franquista. Esta connivencia se mantuvo durante toda la transición, y el PSOE no dudó en aprovechar la causa etarra para arrinconar al gobierno de la UCD. El PNV, desde su posición conservadora, también trató de sacar partido del impulso de ETA para reforzar el dominio del nacionalismo en las Vascongadas. Todo ello provocó que durante años se olvidara un hecho crucial: el carácter profundamente marxista y revolucionario que definía a la organización terrorista. Incluso organismos como Amnistía Internacional, en sus informes anuales, evitaban clasificar a ETA como grupo terrorista y criticaban al Estado español por presuntas torturas a sus miembros.

Desde sus orígenes, la historia de ETA fue un choque constante entre dos grandes corrientes: el discurso revolucionario-proletario y el discurso etnicista e identitario. Estas tensiones no solo alimentaron debates ideológicos, sino que dejaron un reguero de sangre y heridas abiertas en la sociedad española. Antes de analizar el papel de las mujeres en la organización terrorista, resulta imprescindible recorrer su evolución histórica, marcada por profundas transformaciones internas reflejadas en sus distintas asambleas.

Mientras el PNV de la posguerra permanecía inactivo y su "gobierno vasco" en el exilio resultaba desconectado de la realidad española, una nueva generación de nacionalistas decidió reactivar el movimiento político. En 1952, un pequeño grupo de jóvenes comenzó a publicar el boletín Ekin, que pronto daría nombre a su grupo. Entre ellos se encontraban José María Benito del Valle, Julen Madariaga y José Luís Emparanza, conocido como Txilardegi, todos procedentes de familias de la burguesía nacionalista vasca. Desde un principio, Ekin se caracterizó por su laicismo, en contraste con el PNV, que seguía siendo conservador y profundamente cristiano. A pesar de estas diferencias, numerosos jóvenes de las juventudes peneuvistas, los Euzko Gaztegi (EGI), encontraron en Ekin un referente político e ideológico. Así nació una relación de admiración y recelo entre ambas organizaciones: mientras Ekin mostraba mayor solidez ideológica, el PNV aportaba el volumen de jóvenes movilizados. Sin embargo, el partido tradicional pronto receló del creciente poder de Ekin sobre sus bases juveniles.

En 1957, el líder del PNV, Ajurriagerra, acusaba públicamente a Ekin de ser "comunistas, fanfarrones y contrabandistas". Ese mismo año, buena parte de las juventudes peneuvistas de Guipúzcoa se pasó a Ekin, consolidando así el nacimiento de ETA. La fecha oficial de fundación de ETA es el 31 de julio de 1959, una jornada cargada de simbolismo, ya que coincidía con la efeméride de la fundación del PNV y la festividad de San Ignacio de Loyola. En esa fecha, los miembros de ETA enviaron una carta a José Antonio Aguirre, presidente del "gobierno vasco" en el exilio, poniéndose a su disposición y prometiendo mantenerle informado de sus actividades. Aunque el tono inicial era respetuoso, no tardaron en aflorar las tensiones y la desconfianza mutua.

La ruptura definitiva se produciría a partir de 1961, tras la primera acción de envergadura de ETA: un atentado contra un tren de excombatientes que marchaba a San Sebastián (Guipúzcoa). A partir de ese momento, el PNV se distanció de la organización y condenó su estrategia violenta. La separación se formalizó poco después en la I Asamblea de ETA, celebrada en mayo de 1962 en la Abadía de Belloc, en Francia.

En esta primera asamblea, ETA se definió como un "Movimiento Revolucionario Vasco de Liberación Nacional". Con la perspectiva del tiempo, sorprende que, en el documento fundacional, conocido como Principios, no se justificara aún el uso de la violencia política ni se defendiera un régimen dictatorial, fuera fascista o comunista. Se rechazaba también el racismo y la segregación de "elementos extraños" al País Vasco. Aunque no se empleaban aún términos como "socialista" o "marxista", ya se percibía en el texto una corriente izquierdista radical. Los Principios proclamaban la desaparición del liberalismo económico como sistema base de la futura economía vasca, una profunda modificación del estatus de la propiedad y la necesidad de una economía planificada.

La ausencia de referencias explícitas al socialismo o al marxismo reflejaba aún la influencia del fuerte anticomunismo que había caracterizado históricamente al nacionalismo peneuvista. Sin embargo, ETA ya se estaba alejando claramente de ese modelo, presentándose como una organización aconfesional y opuesta al liberalismo económico. Desde entonces, dos grandes corrientes comenzarían a convivir en su interior: una más etnicista y nacionalista, vinculada a las doctrinas peneuvistas, y otra de corte obrerista e internacionalista.

Esta dualidad podía apreciarse en las primeras publicaciones de ETA, como la del boletín Zutik!, que recogía posiciones muy diversas: desde discursos izquierdistas radicales hasta escritos pacifistas que proponían una lucha no violenta inspirada en Gandhi. De esa misma época surgió el folleto "La insurrección en Euzkadi", en el que se defendía la lucha guerrillera, aunque desmarcándose de las guerrillas rurales clásicas del Tercer Mundo. También se difundió el conocido "Libro blanco", un librito que los militantes de ETA llevaban siempre consigo. En él, aunque no se aprobaba expresamente la visión general del marxismo, se citaba profusamente a Lenin y Stalin, ensalzando el papel del Partido como motor del proceso revolucionario.

Sorprendentemente, este pensamiento revolucionario convivía en el mismo texto con un lenguaje casi religioso, llegando a afirmar que "somos libres porque en todo momento nuestra libertad puede pronunciar o retener el 'fiat' como un pequeño dios, dueño de sus actos e infinitos pensamientos".

En esta época también se proponía como modelo de acción la Herri Gaztedi, una organización juvenil católica, o se citaba a pensadores cristianos progresistas como Maritain. Esta combinación no resulta extraña si tenemos en cuenta la influencia que, en aquellos años, ejercía el cristianismo progresista en la renovación ideológica de amplios sectores de la Iglesia. Un ejemplo especialmente significativo de esta fusión es el grupo Iparretarrak, la versión francesa de ETA, surgido casi en su totalidad en un seminario. Su líder histórico, Philippe Bidard, fue un seminarista que acabó abrazando el marxismo-leninismo.

Federico Krutwig y la estructura ideológica de ETA

La primera Asamblea y los documentos que surgieron de ella reflejan que ETA se encontraba aún en busca de una identidad ideológica definitiva. Fue en ese contexto cuando apareció la figura de Federico Krutwig, autor de una obra fundamental para el mundo etarra: *Vasconia. Estudio dialéctico de una nacionalidad*, publicada en 1963 bajo el pseudónimo de Fernando Sarrailh de Ihartza.

Krutwig, vasco de ascendencia alemana, tuvo una vida marcada por su militancia nacionalista y sus ideas radicales. En los años 50 se autoexilió, acusando a la Iglesia católica de despreciar el euskera. En 1956 participó en el Congreso Mundial Vasco celebrado en París, donde propuso levantar guerrillas para liberar el País Vasco. Posteriormente, en 1965, se instaló en Bruselas, donde trabajó en la embajada china y tradujo las obras de Mao Zedong al euskera. Además de impartir cursos a cuadros dirigentes de ETA en el exilio, Krutwig formó parte del Comité Ejecutivo Táctico de la organización terrorista.

Otra de sus contribuciones relevantes fue "*La guerra revolucionaria*", retitulada después como "*La insurrección en Euzkadi*", texto que se convertiría en una de las principales ponencias aprobadas por ETA en su III Asamblea. En ella defendía sin ambages un principio que la organización terrorista acabaría aplicando con rigor: "quien no retroceda ante el derramamiento de sangre, tendrá una ventaja innegable sobre su enemigo, si su adversario no actuase de la misma forma".

Su obra "*Vasconia*" es un compendio de máximas a favor de la resistencia y de la exaltación casi mítica de la historia vasca. Introduce, además, varias novedades clave. Rompe definitivamente el tabú anticomunista que dominaba el mundo nacionalista bajo la influencia del PNV, y plantea que puede existir una connivencia conceptual entre nacionalismo vasco y comunismo. Krutwig recurre a Lenin para justificar el derecho a la autodeterminación y cita a líderes comunistas como Truong Chinh, especialmente su obra "*La resistencia vencerá*".

Otro de los aportes fundamentales de "*Vasconia*" es la sistematización de la guerra revolucionaria, que dejará una huella profunda en la estrategia futura de ETA. Krutwig también modernizó el pensamiento sabiniano, abandonando su racismo explícito y adaptándolo a los nuevos tiempos, aunque sin abandonar del todo su visión etnicista. En su visión, "Euskal Herria "no se limitaba al País Vasco actual, sino que se extendía al Alto Ebro, La Rioja, las laderas del Moncayo y hasta las puertas de Soria.

Sin embargo, uno de los aspectos más relevantes de su influencia fue la introducción del pensamiento de Mao Zedong y su propuesta de insurrección guerrillera. Krutwig logró sintetizar sabinianismo y marxismo, llegando a afirmar que "la verdadera naturaleza del nacionalismo vasco es el socialismo revolucionario y la lucha nacional de liberación contra el imperialismo".

En sus escritos, las referencias se mezclan de manera a veces caótica, entre Sabino Arana, Proudhon, Bakunin y Marx. No obstante, el peso del etnicismo sigue siendo evidente: cuando aplica los principios marxistas a las Vascongadas, omite cualquier mención a los trabajadores inmigrantes, mostrando que su idea de liberación seguía siendo esencialmente identitaria. En "*Vasconia*" encontramos otra máxima que marcaría la práctica de ETA: la deshumanización del enemigo. Según Krutwig, "no se debe tener para ellos otro sentimiento que el que se posee frente a las plagas que hay que exterminar".

La II Asamblea de ETA, celebrada en 1963, consolidó las ideas de Krutwig. La organización terrorista adoptó los postulados leninistas, así como los de pensadores revolucionarios como Rosa Luxemburgo o Ho Chi Minh, aceptando la tesis de que el capitalismo necesariamente desemboca en imperialismo y que este debe ser combatido. "Euskal Herria" fue presentada como un nuevo Vietnam, Argelia o Cuba, y su liberación pasó a ser entendida como una lucha contra el capitalismo imperialista.

A partir de ese momento, ETA dejó de hablar de sabotajes para abrazar abiertamente la "lucha armada". Pronto comenzaron los atracos a bancos como forma de financiación, justificados en nombre de la justicia social y la liberación nacional. El proceso de mentalización fue tan profundo que incluso uno de los primeros jefes militares de ETA, Javier Zumalde, alias "El Cabra", intentó emular a Fidel Castro deambulando por las estribaciones del monte Amboto en un fallido intento de crear una guerrilla. La Guardia Civil no tardó en desmantelar aquel proyecto.

Esta primera ETA, ya inequívocamente revolucionaria, aún debía recorrer un largo camino para definir plenamente sus bases ideológicas. En la II Asamblea comenzaron a aflorar de manera más evidente las tensiones internas entre etnicistas e izquierdistas que Krutwig había tratado de sintetizar. De hecho, los militantes más nacionalistas llegaron a cambiar el lugar de celebración de la Asamblea para evitar la asistencia de los revolucionarios de corte marxista.

La adaptación del tercermundismo y del antiimperialismo

Durante los años 60, la cuestión social y obrera fue ganando protagonismo en España. Las primeras huelgas y asambleas de trabajadores comenzaban a asomar, y el País Vasco no fue una excepción. En este contexto, ETA se vio obligada a tomar posición ante los nuevos acontecimientos sociales. En abril de 1964 celebró su III Asamblea, un momento clave en su evolución. Durante esta reunión, se produjeron intervenciones muy importantes, entre ellas la de José Luís Zalbide, quien introdujo conceptos que acabarían convirtiéndose en clásicos del mundo abertzale: "guerra revolucionaria", "proceso político-militar" y las tesis de "acción-reacción-acción". Esta última idea, muy popular entre los grupos terroristas de izquierdas de la época, proponía una estrategia sencilla y devastadora: el grupo debía golpear al sistema para provocar una respuesta represiva del Estado. Esta represión, al extenderse a toda la sociedad vasca, llevaría a la población a radicalizarse y a sumarse al movimiento independentista, permitiendo así al grupo terrorista liderar una auténtica rebelión de masas.

En esta Asamblea surgieron también documentos que marcarían el futuro de la organización terrorista. Uno de ellos fue la ponencia "*Bases teóricas de la guerra revolucionaria*", donde se detallaba la estrategia de acción-reacción-acción y se reorganizaba la estructura de ETA en cuatro secciones: militar, activista, información y oficina política. El lenguaje de este texto resulta más místico que el de documentos anteriores, mezclando retórica épica con un esfuerzo por adaptar las teorías tercermundistas —que interpretaban el País Vasco como una colonia oprimida— a una sociedad moderna e industrializada como la vasca.

Esta evolución ideológica culminaría en otro documento titulado "*Carta a los intelectuales*", cuyo objetivo era "despertar" a los intelectuales vascos de su "letargo" y proponerles un programa de regeneración nacional. Inspirada en las cartas de Franz Fanon escritas durante la revolución argelina, esta *Carta* dejaba ver claramente la influencia del marxismo en su planteamiento: "ETA (...) cree que la salvación de Euzkadi sólo puede venir de los trabajadores mismos. Por eso, el nuevo orden social que preconizamos sólo será posible con unas estructuras que garanticen al trabajador el control de su propia industria y, a través de los organismos creados por él, el control de la economía nacional".

Este documento representó uno de los últimos esfuerzos de ETA por unificar su ideología, buscando sintetizar dos corrientes: la tesis tercermundista, que entendía el conflicto como una lucha entre una nación oprimida y un Estado opresor, y la tesis de la lucha de clases, que promovía una guerra interna dentro de una misma sociedad. La corriente más centrada en lo étnico y lingüístico quedó diluida entre quienes defendían el tercermundismo y quienes, más veladamente, apostaban por la lucha de clases.

En paralelo, ETA comenzó su primera aproximación real al mundo obrero. En 1963, se había constituido un Comité de Coordinación en la zona industrial de Bilbao, y ETA logró infiltrar a algunos de sus miembros en este organismo, estableciendo así sus primeros contactos serios con el movimiento obrero.

La manifestación del 1 de mayo de 1964 en Bilbao, convocada por trabajadores, sirvió como argumento a los sectores más marxistas de ETA para enfrentarse a los defensores de las tesis tercermundistas. Sin embargo, la figura dominante en la III Asamblea fue la de Julen Madariaga, un ferviente partidario del tercermundismo, que logró imponer su visión en esta fase crucial de la historia de ETA.

La estrategia revolucionaria avanza

Un año después de la III Asamblea, todo cambió dentro de ETA. Las presiones policiales aumentaron y el gobierno prohibió que cuatro de sus fundadores —Eneko Irigarai, José Luís Álvarez Emparanza (Txillardegi), José María Benito del Valle y Julen Madariaga— residieran en España, obligándolos a dispersarse entre Bruselas, Venezuela y Argelia. Esta situación provocó que los centros de decisión de la organización terrorista se desplazaran hacia el interior de la península. Benito del Valle y Txillardegi, defensores de una visión vasca centrada en la reivindicación etnolingüística y alejados de la lucha de clases marxista, quedaron progresivamente apartados del liderazgo. ETA vivía así su primer relevo generacional: con el cambio geográfico, se consolidaron las posturas marxistas en el núcleo de decisión de la organización terrorista.

A partir de 1965, el poder en ETA pasó a manos de José Luís Zalbide y Francisco Iturrioz. Ambos habían cumplido condena y se reincorporaron a la banda terrorista tras su salida de prisión. Durante la IV Asamblea, que comenzó en la Casa de los Jesuitas y terminó en una cabaña de ovejas, ambos se erigieron como los nuevos hombres fuertes: Zalbide representaba el sector tercermundista, mientras que Iturrioz lideraba el sector obrerista-marxista, asumiendo la responsabilidad de la Oficina Política.

Ese mismo año, Zalbide fue detenido, dejando el control total en manos de Iturrioz y sus aliados, firmes partidarios de la lucha obrera. Desde la Oficina Política se impulsó un giro ideológico reflejado en el boletín *Zutik!* El número 35, publicado en octubre de 1965, marcó un cambio radical en sus contenidos: los temas etnocéntricos fueron desplazados por artículos centrados en cuestiones sociolaborales y económicas. Además, comenzaron a publicarse análisis políticos sobre Europa, buscando acercarse a las tesis de la ultraizquierda europea.

Por primera vez, ETA trató de explicar la historia vasca a través de la óptica marxista, utilizando los métodos del "materialismo histórico". "Euskal Herria" dejó de ser entendida como una nación soberana perdida tras la abolición de sus fueros, y pasó a interpretarse en clave de lucha de clases. En esta línea, *Zutik!* publicó un documento contundente titulado *"Puntos básicos"*, donde se afirmaba que la revolución vasca debía ser socialista y liderada por la clase trabajadora. El texto, escrito en un lenguaje marcadamente marxista y trotskista, proclamaba:

> "La liberación nacional es una revolución permanente (...) Estas conquistas y reformas revolucionarias darán la posibilidad de realizar una revolución que tendrá que ser consciente. La expansión económica, de hecho, ha absorbido parcialmente las contradicciones del capitalismo. Como consecuencia de esta nueva situación económica el socialismo ya no se ve como una necesidad urgente de las masas populares y para combatir al capitalismo serán necesarias una teoría y una praxis política que hagan evidentes esas contradicciones".

ETA comenzaba así a mimetizarse con las corrientes ideológicas de la izquierda radical europea.

En el número 44 de *Zutik!*, bajo el título "*Un paso adelante. El programa de base*", el contexto era claro: las elecciones sindicales convocadas en España en octubre de 1966. La intención de ETA de participar en ellas fue considerada "herética" por los defensores de un nacionalismo puro, quienes forzaron la autocensura de ese número. El boletín que lo sustituyó llevaba por título "*Unidad por el socialismo y el nacionalismo*".

Sin embargo, en el número 45, la ruptura interna se hizo evidente. La Oficina Política de ETA, controlada por Iturrioz, defendió abiertamente la participación en las elecciones sindicales. Esto provocó el primer gran enfrentamiento interno de la organización terrorista. El ataque más severo provino de Txillardegi, que acusó a la línea de Iturrioz de ser "españolista" y "comunista", los dos grandes pecados para el nacionalismo más ortodoxo.

Txillardegi buscó entonces una alianza estratégica con Krutwig, exiliado en Bruselas. Juntos decidieron lanzar una nueva revista, "*Branka*", que pretendía ser el órgano ideológico de los abertzales intelectuales y marcar el rumbo doctrinal de ETA. Desde sus páginas, Txillardegi publicó un informe crítico revisando los últimos números de *Zutik!*, acusándolos de haberse convertido en:

> "un órgano pseudoizquierdista del imperialismo español y del colonialismo político y cultural del Estado español".

Krutwig, en el primer número de "*Branka*", escribió un artículo titulado "*Nacionalismo Revolucionario*", donde advertía que:

> "En Euzkadi la contradicción principal es la nacional y la lucha de liberación no está ligada ni depende del avance o del reflujo del socialismo del Estado español".

La reacción nacionalista dentro de la banda fue inmediata. El Comité Ejecutivo de ETA decidió expulsar a los miembros de la Oficina Política, incluidos Iturrioz y sus colaboradores, y convocó una nueva V Asamblea para redefinir el rumbo de la organización terrorista.

ETA Berri: la ETA marxista-leninista

En diciembre de 1966, en la casa parroquial de Gaztelu (Guipúzcoa), se reunió la V Asamblea de ETA, aunque sus sesiones tuvieron que interrumpirse y no se completaron hasta marzo de 1967. La primera fase de la Asamblea estuvo marcada por la expulsión de la Oficina Política. Once miembros decidieron abandonar la organización terrorista en ese momento, aunque, por motivos de seguridad, fueron retenidos a punta de pistola en una habitación hasta que concluyeron los trabajos.

Los cuatro expulsados, junto con los descontentos de la V Asamblea, se reagruparon para formar ETA-Berri ("la nueva ETA"). Desde entonces, la ETA más etnicista, culturalista y contraria a la lucha obrera sería conocida por ellos como ETA-Bai. Los nuevos escindidos acusaban a ETA-Bai de ser pequeñoburguesa, clasista y de preferir un "socialismo humanista" —considerado falso— frente al "socialismo científico" marxista, además de aferrarse a la ideología de Sabino Arana en lugar de adoptar un análisis marxista riguroso.

ETA-Berri comenzó a editar su propio boletín interno, *Komunistak*, donde en su número 2 dejaban clara su posición:

> "Los comunistas no partimos de una concepción nacionalista del mundo. La asimilación de las nacionalidades y la disolución de las peculiaridades nacionales forman parte del proceso de unificación económica, política y cultural de la humanidad. Este fenómeno es progresista en tanto que aporta ventajas a toda la población mundial. Aceptamos la asimilación cultural siempre que no derive de la opresión o el privilegio".

Esta visión representaba una aplicación estricta del marxismo-leninismo al contexto vasco: el nacionalismo debía estar al servicio del internacionalismo comunista, asumiendo que toda cultura, incluida la vasca, debía integrarse en una futura sociedad comunista mundial.

Desde esta óptica, ETA-Berri acusaba a la antigua ETA de ser cómplice de la oligarquía vasca bajo la excusa del nacionalismo. En *Komunistak* llegaron a escribir:

> "Euzkadi no es una colonia de Castilla o Andalucía. Euzkadi está explotada por la oligarquía como lo están los demás pueblos bajo el franquismo. No hay contradicción entre los intereses del pueblo vasco

y el castellano. Hay identidad de intereses y un enemigo común: el régimen franquista".

Siguiendo esta lógica, ETA-Berri evolucionó hasta convertirse en el Euskadiko Mugimendu Komunista (Movimiento Comunista de Euzkadi). A comienzos de los años 70, esta nueva organización estableció vínculos con otros grupos marxistas, como el Movimiento Comunista de Aragón, el Grupo de Formación Marxista-Leninista de Baleares y el Movimiento Comunista de Asturias. De estas alianzas nacería el Movimiento Comunista de España (MCE), cuyo primer congreso, celebrado en 1975, lo declaró oficialmente de línea maoísta.

Posteriormente, cuando España ingresó en la Unión Europea, el MCE y la Liga Comunista Revolucionaria (LCR) impulsaron la candidatura de Herri Batasuna al Parlamento Europeo, logrando representación. Este proceso acabaría desembocando en la creación de Izquierda Alternativa, que finalmente se integró en Izquierda Unida.

Volviendo al seno de ETA, las tesis defendidas por ETA-Berri escandalizaron a buena parte de los militantes que permanecieron en la organización tradicional. Sin embargo, aunque dominada por sectores más nacionalistas, la ETA surgida de la V Asamblea no abandonó ni el lenguaje revolucionario ni el marxismo.

Cuando las sesiones se reanudaron en 1967, fue elegido presidente de la Asamblea Txabi Etxebarrieta, un declarado obrerista que, con habilidad, logró contener la reacción antisocialista de los sectores etnicistas. El documento aprobado definía a ETA como un "movimiento socialista vasco de liberación nacional". El texto subrayaba que la liberación nacional solo podía ser alcanzada por el pueblo trabajador vasco, en tanto que clase explotada. En el contexto de la época, hablar de socialismo era hablar explícitamente de socialismo científico, es decir, de comunismo.

La permanencia de esta línea marxista llevó a la salida de militantes históricos como Txillardegi y Benito del Valle, aunque lo hicieron sin provocar rupturas públicas. Años más tarde, Txillardegi resumiría su desencanto:

"Éramos partidarios de una lucha más política, menos militar. La guerrilla urbana puede ser un apoyo, pero no el sistema de liberación de

> un país industrializado como España. Es válida para Vietnam, pero no aquí".

Txillardegi continuó su actividad intelectual desde la revista "*Branka*", que pasó a ser un órgano de presión ideológica externa para preservar la pureza doctrinal del nacionalismo vasco. Mientras tanto, la ETA surgida de la V Asamblea abrazó plenamente las tesis tercermundistas, apostando por recrear en el País Vasco las estrategias de guerrilla vietnamita.

Esta ETA reafirmó también la estrategia de acción-reacción-acción, asentando un modelo de lucha maoísta que, paradójicamente, causaría más atentados y asesinatos durante la democracia que en tiempos del franquismo.

El nuevo ideario combinaba el maoísmo revolucionario con un renovado etnicismo, generando un cóctel ideológico explosivo. En el documento de la V Asamblea se definía a la etnia vasca como:

> "Una colectividad humana con respuestas culturales específicas, cuyo núcleo es la lengua euskera. Al desarrollarse estos factores objetivos, surge la conciencia nacional".

Este pensamiento, aunque hoy pueda resultar anacrónico y contradictorio, sirvió de base para que numerosos jóvenes vascos justificaran su adhesión a la violencia.

Luigi Bruni, en su obra "*ETA. Historia política de una lucha armada*", sintetiza el resultado de esta evolución:

> "A los diez años de su nacimiento, ETA continúa sus esfuerzos por mantener la referencia marxista y la inspiración en los movimientos políticos internacionales, sin abandonar el terreno de la lucha armada".

Tras la V Asamblea, a pesar de las numerosas detenciones, ETA vivió años de intensa actividad ideológica y estratégica. La organización terrorista adoptó el esquema propuesto por Krutwig de estructurarse en cuatro frentes: político, económico, militar y cultural, subordinando el frente militar al político. Se reforzó también la dimensión obrera, y muchos militantes fueron enviados a infiltrarse en las incipientes Comisiones Obreras.

En agosto de 1968, ETA puso en práctica su nueva estrategia de violencia selectiva: Melitón Manzanas, comisario de la Brigada Político-Social de Guipúzcoa, fue asesinado. La tinta de sus manifiestos se convertía así en sangre.

El asesinato de Manzanas y la posterior represión policial desataron la dinámica acción-represión-acción, llenando las cárceles de militantes y culminando en el proceso de Burgos, que dio a ETA una repercusión mediática y un apoyo internacional insospechado.

Durante este tiempo, surgieron varios documentos relevantes. Uno de ellos fue "*Hacia una estrategia revolucionaria vasca*", escrito desde prisión por José Luís Zalbide bajo el seudónimo de K. De Zumbeltz. Zalbide proponía abandonar el modelo tercermundista y apostar por una estrategia más europea, basada en la correlación entre lucha de clases y lucha nacional:

> "Sólo dentro de una estrecha unidad práctica entre las masas y ETA será posible la continuidad del proceso revolucionario".

Otro texto importante fue la "*Carta a los Makos*", dirigida a los presos, donde se detallaba la política de alianzas de la organización, basada en acercarse al proletariado vasco y atraer a sectores burgueses antioligárquicos. Incluso se reivindicaban estrategias similares a las empleadas por Santiago Carrillo en los años 40 para atraer a intelectuales de clase media.

Finalmente, en 1971, para disipar cualquier duda sobre su línea ideológica, ETA, a través de los presos de Burgos, reafirmaba en un documento:

> "ETA fue definida en la V Asamblea, sin ningún tipo de concesiones, como una organización socialista. Y no cualquier socialismo: marxista-leninista".

El camino hacia una nueva escisión

A finales de los años sesenta, ETA volvió a quedar prácticamente inactiva debido a la intensa represión policial y las numerosas detenciones. Esta situación permitió que, en 1969, accediera a la dirección un grupo de militantes vizcaínos, vinculados al movimiento obrero.

La nueva dirección equiparó la lucha nacional a la lucha socialista y defendió la necesidad de construir una organización leninista, donde el proletariado industrial debía ocupar la vanguardia. No renunciaron del todo a la lucha armada, aunque sus dirigentes mostraban dudas crecientes sobre su eficacia.

Mientras tanto, en el exilio, otro grupo de militantes comenzó a reorganizarse y formarse en el marxismo. Se conocieron como las "Células Rojas" y publicaron la revista "*Saioak*". Este grupo estaba formado por antiguos dirigentes surgidos de la V Asamblea y militantes partidarios de la continuidad de la lucha armada. Ellos serían el embrión de la futura ETA militar (los famosos "milis").

Desde "*Saioak*", se criticó duramente a la nueva dirección de ETA, acusándola de formular estrategias pequeño burguesas y de alejarse del marxismo ortodoxo. En el número 3 de la revista, se les tachaba de ser "una minoría ideológica y prácticamente pequeño burguesa". Por su parte, los futuros "milis" les acusaban de "españolismo" por haberse solidarizado con un grupo de obreros andaluces encerrados en la Catedral de Granada.

La dirección de ETA intentó defenderse y, en el número 53 de *Zutik!* reconoció abiertamente que:

> "En ETA acaba de producirse una ruptura ideológica; se ha roto con la ideología y la política nacionalista (...). El hecho de proclamarse marxista-leninista lleva consigo un objetivo: luchar por la revolución proletaria".

En ese momento, la legitimidad dentro de ETA dependía de quién consiguiera apropiarse mejor del discurso marxista.

En agosto de 1970, ante el desorden interno, la dirección convocó la VI Asamblea. Su primera fase fue breve: Madariaga y su corriente ideológica fueron expulsados, mientras que el grupo de "*Saioak*" dimitió en bloque. Los partidarios de las tesis tercermundistas, liderados por Krutwig, reaparecieron lanzando un manifiesto que deslegitimaba las decisiones de la Asamblea, acusando a la dirección de "liquidacionista" y "españolista".

La dirección respondió acusando a sus críticos de "racistas" y "burgueses".

Una parte de los disidentes evolucionaría hacia posiciones claramente antinacionalistas, llegando a sostener que todo nacionalismo, incluido el vasco, era ajeno a los intereses de la clase obrera.

La confusión ideológica dentro de ETA era total. Sin embargo, acontecimientos externos como el proceso de Burgos y el asesinato de Carrero Blanco en 1973 permitieron a la organización terrorista resurgir, atrayendo a numerosos nuevos militantes. Fueron los "milis", herederos de la V Asamblea, quienes protagonizaron las acciones más espectaculares y captaron la atención pública.

El resto, los que aceptaban la VI Asamblea, acabaron abandonando la organización para formar ETA VI, que evolucionaría hacia el trotskismo y terminaría también dividiéndose: los "mayos" (mayoritarios) se integrarían en la Liga Comunista Revolucionaria (LCR), y los "minos" (minoritarios) acabarían en pequeños grupos de ultraizquierda como la Organización Revolucionaria de los Trabajadores (ORT) o el Partido Comunista.

La ETA que permaneció dio un salto cualitativo en su estrategia: sublimó la lucha armada hasta niveles desconocidos. El frente militar adquirió prestigio gracias a las acciones cada vez más espectaculares, mientras que los frentes obrero y cultural quedaban progresivamente desdibujados. Muchos militantes responsables de estos frentes acabaron abandonando la organización para fundar el Partido de los Trabajadores Patriotas Revolucionarios.

Dentro de ETA, las discusiones internas persistieron. En noviembre de 1974, un pequeño grupo, los futuros milis, lanzó un manifiesto donde declaraban:

> "Decidimos no entrar en la legalidad democrática y mantener nuestra estructura en la clandestinidad".

Esta decisión acentuó la fractura interna. Mientras la ETA político-militar (el sector mayoritario) defendía mantener vínculos con las fuerzas obreras y políticas, la ETA militar apostaba por un aislamiento total, convirtiéndose en el rector clandestino del movimiento revolucionario. A pesar de ser menos numerosos, los "milis" se sometieron a una intensa preparación militar, logrando éxitos importantes y una mayor resistencia frente a la represión policial.

Las fuerzas de seguridad se centraron en perseguir a la ETA político-militar, que, en septiembre de 1976, convocó la VII Asamblea. Como era habitual, esta Asamblea derivó en una nueva ruptura. Se propuso entonces formar dos estructuras paralelas: un partido político y una organización militar. Muchos comandos rechazaron la nueva estrategia y se pasaron a la ETA militar. Los que permanecieron organizaron el Euskal Iraultzarako Alderdia (EIA), un partido que con los años acabaría transformándose en Euskadiko Ezkerra.

Los polis-milis se acogieron a las amnistías democráticas y se integraron en el sistema político. Tiempo después, se aliarían electoralmente con el Partido Socialista de Euskadi (PSE). Finalmente, la ETA político-militar se disolvió en 1982.

Un pequeño sector intentó continuar la lucha terrorista bajo el nombre de ETA VIII Asamblea, pero terminó dividiéndose: un grupo desapareció rápidamente y el otro se integró en ETA militar, la que todos conoceríamos como la ETA más sangrienta.

Esta nueva ETA, fanáticamente revolucionaria y abiertamente terrorista, fue responsable de un crecimiento brutal de la violencia: pasó de 12 asesinatos en 1977 a 87 muertos en 1978 y alcanzó la cifra récord de 100 asesinatos en 1980.

El entorno del MLNV

Alrededor de la ETA que sobrevivió a las sucesivas escisiones, se fue construyendo una estructura política diseñada para dar apoyo a quienes sostenían las armas. Surgieron entonces organizaciones como la Coordinadora KAS (Koordinadora Abertzale Sozialista) y Herri Batasuna (HB), que más tarde sería sustituida por Euskal Herritarrok. Junto a ellas, se creó un entramado de asociaciones que acabaría configurando lo que se denominó el Movimiento de Liberación Nacional Vasco (MLNV).

Iñaki Egaña, en su *Diccionario histórico-político de Euskal Herria*, recoge un texto de HB que describe muy bien esta red:

> "De forma genérica y global, podría definirse el MLNV como la corriente social y política de amplios sectores del Pueblo Trabajador Vas-

> co que persiguen como objetivo final la consecución de la Soberanía Nacional Plena para el conjunto de "Euskal Herria". Comités antinucleares, Gestoras pro-Amnistía, AEK, Comités de Solidaridad Internacionalista, LAB, ANV, Egin... y muchas otras organizaciones forman parte, junto a KAS y Herri Batasuna, del Movimiento de Liberación Nacional Vasco".

En este entorno, las referencias al marxismo-leninismo y al socialismo eran constantes. Por ejemplo, un documento de Euskal Herriko Komunistak, titulado "*El marxismo y la cuestión nacional*", afirmaba:

> "Una de las razones más importantes por las que somos marxistas-leninistas es la extraordinaria precisión con la que el marxismo-leninismo permite comprender —y transformar en un sentido democrático y liberador— la cuestión nacional en Euskal Herria".

En la misma línea, las juventudes de Herri Batasuna, Jarrai, en su Congreso de 1992, proclamaban:

> "Jarrai, como todo el MLNV, cimenta su pensamiento y su posicionamiento político en la tradición marxista".

El discurso marxista de este entorno era tan evidente que, en 1996, el entonces lehendakari José Antonio Ardanza, durante la Asamblea del PNV, advertía:

> "Nuestro primer objetivo deberá consistir en desenmascarar ante las bases del MLNV y ante toda la sociedad el auténtico proyecto estratégico de la actual dirección de la izquierda abertzale: su carácter esencialmente revolucionario y antisistema".

En las últimas décadas, varios estudios han intentado analizar en profundidad la naturaleza ideológica de ETA y de otros grupos similares que no lograron sobrevivir, como el GRAPO, el FRAP o Terra Lliure. La diferencia principal de ETA, según algunos historiadores, fue su capacidad para llevar a la práctica, mejor que nadie, las tesis maoístas.

Un texto fundamental para entender su estrategia ha sido "*Sobre la guerra prolongada y de desgaste* de Mao Zedong", utilizado en los años 60 y 70 por numerosos movimientos de liberación. ETA no fue una excepción. De este manual aprendió conceptos clave como la socialización del dolor —implicar a toda la sociedad en el sufrimiento—, la prolongación del conflicto hasta agotar y desmoralizar al enemigo, y la creación de entramados político-culturales que sustentaran la acción armada.

La revista "Kale Gorria", una de las más influyentes del entorno etarra, resumía así el papel del MLNV:

> "En el frente de resistencia contra la política neoliberal y proimperialista —tanto española como francesa— militan los distintos grupos del MLNV, cuya práctica abarca desde la lucha armada a la lucha de masas, la kale borroka, la sindicalización de trabajadores y estudiantes, la organización de mujeres, ecologistas y la defensa de la lengua vasca, entre otros".

Este discurso antiimperialista y marxista seguía muy vivo en la ETA de las últimas décadas. Así, tras los atentados del 11 de septiembre de 2001, ETA difundió un comunicado en el que afirmaba:

> "La guerra que ha encendido y está guiando EE.UU. es la guerra de los grandes y poderosos contra los pequeños y los débiles. Ahora es el turno de Afganistán, como antes lo fue de Iraq, Panamá, Vietnam y tantos otros pueblos. (...) La excusa es ahora el gobierno de los 'talibanes', pero detrás están intereses económicos y geoestratégicos".

En definitiva, aunque públicamente se presentara como una radicalización del nacionalismo vasco, la ETA actual seguía basándose ideológicamente en el marxismo revolucionario.

Un análisis de Imanol Lizarralde, publicado en la revista "*Goiz-Argi*" (nº 23), ponía el dedo en la llaga:

> "Los ideólogos y los textos del MLNV raramente se refieren a los ancestros nacionalistas; en cambio, aplican rigurosamente el análisis y la práctica del marxismo revolucionario".

La descripción del MLNV hecha por "Kale Gorria" —con su mención a la lucha armada, la lucha callejera, la lucha sindical, la lucha de masas, la lucha ecologista— remite directamente a la nueva forma que tomó la revolución en Europa tras el mayo del 68. Entonces, frente a la imagen unitaria de los antiguos partidos comunistas, emergieron movimientos sociales con múltiples rostros y diversas formas de lucha, tal y como proponía Mao Zedong.

En este nuevo modelo, el proletariado industrial dejaba de ser el único motor de la revolución. Se abría el protagonismo a un número creciente de grupos sociales y a formas de acción más adaptadas a las sociedades contemporáneas.

Por eso, quienes pensaban que, tras una hipotética independencia del País Vasco, ETA abandonaría la violencia, estaban profundamente equivocados. Siguiendo la lógica revolucionaria, tras alcanzar la independencia vendría el siguiente objetivo: la depuración de la oligarquía vasca —es decir, el PNV— y la implantación de un modelo comunista radical.

Algo que, de habérselo imaginado, habría horrorizado a cualquier vasco de generaciones anteriores.

Conclusión

ETA nació como un pequeño grupo que, en sus inicios, mantuvo una relación ambigua con el PNV, del que heredó parte de su espíritu nacionalista. Sin embargo, pronto se distanció, forjando una identidad propia que combinaba elementos tradicionales con nuevas corrientes ideológicas. Este primer recorrido estuvo marcado por tensiones internas constantes entre el nacionalismo clásico y la creciente influencia del marxismo y el tercermundismo, debates que no solo definieron su evolución, sino que también fracturaron su unidad en diversas corrientes enfrentadas.

Las primeras asambleas resultaron decisivas para estructurar sus objetivos y su modo de actuación. Inspirándose en el pensamiento revolucionario internacional, ETA se organizó en frentes político, militar, económico y cultural, adoptando un modelo de lucha que pretendía integrar la liberación nacional con la revolución social. Sin embargo, las divisiones ideológicas internas pronto desembocaron en escisiones profundas, como la creación de ETA-Berri, reflejo de las distintas visiones sobre el camino a seguir.

Con el paso del tiempo, la organización fue radicalizando su postura. Abrazó abiertamente las ideas maoístas y marxistas-leninistas, pasando de ser un movimiento político a convertirse en un grupo armado donde la violencia dejó de ser un medio para transformarse en un fin estratégico. La acción directa, los atentados y la estrategia de acción-represión-acción se convirtieron en sus principales señas de identidad.

Así, ETA dejó de ser un fenómeno local para alinearse con las luchas revolucionarias internacionales de su tiempo, adoptando un modelo de guerrilla urbana que dejó una huella profunda y trágica en la historia contemporánea del País Vasco y de España.

Este marco ideológico y estratégico sería también el que legitimaría, años después, la implicación de mujeres en todas las fases de la actividad terrorista: desde la logística hasta la ejecución directa de atentados. La radicalización de la organización terrorista no solo multiplicó su capacidad operativa, sino que abrió la puerta a que la violencia fuese ejercida por ambos sexos. Este aspecto, que rompe con el estereotipo de que la militancia armada era exclusivamente masculina, se desarrollará en los capítulos siguientes.

Bibliografía

Aizpeolea, L. R. (2021). *ETA. Del cese del terrorismo a la disolución.* Madrid: Catarata.

Arregi, J. (2015). *El terror de ETA.* Madrid: Tecnos.

Bergaretxe, J. (2000). *ETA: Estrategia organizativa y evolución política.* San Sebastián: Ttarttalo.

Bruni, L. (1988). *ETA. Historia política de una lucha armada.* Pamplona: Txalaparta.

Díaz Fernández, A. (2003). *La violencia política de ETA: génesis y desarrollo.* Madrid: UNED.

Egaña, I. (2017). *Breve historia de ETA.* Pamplona: Txalaparta.

Elorza, A. (2000). *La historia de ETA.* Barcelona: Martínez Roca.

Fernández, G. (2016). *La voluntad del gudari. Génesis y metástasis de la violencia de ETA.* Madrid: Tecnos.

Izquierdo, J. M. (2017). *El fin de ETA.* Barcelona: Espasa.

Leonisio, R., et al. (2021). *ETA. Terror y terrorismo.* Madrid: Marcial Pons.

Martínez, J. (2006). *La izquierda abertzale y su entorno: el Movimiento de Liberación Nacional Vasco (MLNV).* Madrid: Editorial Complutense.

Sáez, I. (2002). *El Movimiento de Liberación Nacional Vasco, una religión de sustitución.* Bilbao: Desclée de Brouwer.

Fuentes documentales y primarias

Documentos internos de ETA: *Zutik!*, *Komunistak*, *Branka* y *Saioak*, consultados a través de fondos hemerográficos especializados y archivos documentales.

CAPÍTULO II
GÉNESIS DE UNA PRESENCIA SILENCIOSA PERO DECISIVA

SERGIO RODRÍGUEZ LÓPEZ-ROS

Impacto sociopolítico de la participación femenina en ETA

Mientras escribo este capítulo, los soldados israelíes libran una dura guerra contra el terrorismo islamista, afortunadamente con la victoria de su parte. *Fortuna audaces iuvat.* Luchan no solo por la supervivencia de Israel y la protección de sus ciudadanos —judíos, cristianos y musulmanes—, sino también por la democracia y los valores fundamentales de la vida, la libertad y la igualdad, base de nuestra civilización. Frente a ellos se alzan Hamas (Gaza), Hezbolá (Líbano), Daesh (Irak) y el Estado Islámico (Siria), bajo la atenta mirada de Egipto y Jordania, con el apoyo multisectorial del régimen teocrático de Irán y las sospechas de financiación desde Qatar.

Su guerra es doble: combaten también el antisemitismo que, disfrazado de antisionismo, se ha instalado en parte de la opinión pública de algunos países democráticos, alentado por ciertos medios de comunicación, políticos irresponsables y entidades subvencionadas. A todos nos desagrada la violencia como forma de dirimir discrepancias, y nos conmueven las víctimas de esa violencia, sean civiles o militares. La vida es el valor esencial de nuestra civilización. Pero confundir a la víctima con el verdugo es un grave error. Nada hay más injusto que tratar por igual a los desiguales. Muchos de quienes critican a Israel no podrían vivir conforme a su pensamiento, su fe o su condición en los países que rodean su territorio.

Algo similar ocurrió en España con el terrorismo etarra. La política de seguridad israelí partía de una premisa: un judío nunca atacaría a otro judío. Esta premisa se rompió el 4 de noviembre de 1995, cuando un fanático sionista asesinó al primer ministro Isaac Rabin en el centro de Tel Aviv. De modo análogo, el 21 de diciembre de 1978, se descubrió que María Dolores González Catarain, miembro del Comité Ejecutivo de la rama militar de ETA, había pasado a ocupar la dirección política de ETA militar, donde militaba desde 1971.

La incorporación de mujeres a ETA no solo impactó la percepción pública de la organización terrorista, sino que evidenció su capacidad de adaptación. En una sociedad vasca marcada por valores conservadores y una fuerte influencia patriarcal, la presencia de mujeres en roles activos simbolizó una ruptura con los estereotipos de género. Estas mujeres desafiaron los límites tradicionales, ocupando espacios de acción y decisión históricamente reservados a los hombres.

El simbolismo de su participación generó reacciones diversas. Para algunos sectores, representaban valentía y compromiso; para otros, encarnaban figuras peligrosas o víctimas manipuladas. ETA explotó su imagen para aparentar un apoyo transversal de toda la sociedad vasca. Resurgía así un imaginario oscuro asociado a la figura femenina como encarnación del mal, reminiscente de la leyenda de las brujas de Zugarramurdi (1610). Esta dualidad quedó especialmente encarnada en figuras como Dolores González Catarain, "Yoyes", o Idoia López Riaño, "La Tigresa".

Dentro de la propia organización terrorista, la participación femenina estuvo marcada más por necesidades estratégicas que por un compromiso real con la igualdad. Aunque algunas mujeres llegaron a liderar comandos o encargarse de la logística, muchas otras desempeñaron funciones de apoyo, reflejando una estructura jerárquica y patriarcal. A menudo su acceso se produjo a través de vínculos afectivos más que por decisión autónoma.

La implicación femenina en ETA trascendió el ámbito vasco, reconfigurando debates sobre género y violencia política en España. En paralelo, movimientos cívicos como la Coordinadora Gesto por la Paz, fundada en 1986, expresaron el rechazo social a la violencia y abrieron nuevos espacios de reflexión.

En definitiva, el impacto sociopolítico de las mujeres en ETA no se limita a su función operativa. Su participación desafió concepciones tradicionales de género, poder y violencia, y continúa siendo objeto de estudio. A través de su presencia, ETA intentó disociar el valor del combate de la idea de virilidad, pretendiendo proyectar una imagen de apertura a toda la sociedad. Un precedente de esta instrumentalización lo encontramos en el papel crucial de las mujeres carlistas en el siglo XIX y en las milicianas del Euzko Gudarostea en el siglo XX.

Pero mientras ETA incorporaba mujeres a su estructura para fortalecer su operatividad y proyectar una imagen de transversalidad, en el lado opuesto las mujeres de la Policía Nacional y la Guardia Civil vivían otra realidad. Estas agentes, en un entorno institucional a menudo marcado por la desconfianza hacia lo femenino, combatían la misma amenaza terrorista con un nivel de riesgo extremo. Recordar esta doble perspectiva resulta clave: mientras unas participaban en acciones que extendieron el terror, otras trabajaban de manera anónima para evitar que se produjeran más víctimas.

Comparación Internacional

La participación femenina en organizaciones terroristas ha variado considerablemente según el contexto cultural, político y organizativo de cada grupo. ETA no fue una excepción, como tampoco lo son hoy las mujeres que participan activamente en organizaciones terroristas de raíz yihadista. Aunque en términos numéricos las mujeres en ETA representaron una proporción menor frente a sus homólogos masculinos, su visibilidad e impacto fueron notables en momentos clave, sirviendo a menudo como elementos de propaganda.

Esto contrasta con otros grupos armados contemporáneos, como el IRA irlandés, las Brigadas Rojas italianas o la Fracción del Ejército Rojo (Baader-Meinhof) en Alemania, donde las mujeres desempeñaron papeles distintos, aunque igualmente significativos.

En el IRA, las mujeres desempeñaron mayoritariamente funciones logísticas: transmisión de información, suministro de armas y asistencia a los miembros en la clandestinidad. Su implicación directa en atentados o en la toma de decisiones estratégicas fue más limitada.

Esta situación reflejaba tanto las tradiciones conservadoras de la sociedad irlandesa, de fuerte impronta católica, como las jerarquías internas del propio IRA. Por el contrario, las Brigadas Rojas —grupo marxista leninista activo en Italia durante los años setenta y ochenta— destacaron por otorgar a las mujeres una participación activa en operaciones armadas y en los niveles de dirección. Militantes femeninas no solo ejecutaban atentados o secuestros, sino que también ocupaban posiciones clave en el liderazgo estratégico. Esta disrupción respecto al patrón tradicional, pese a desarrollarse en un contexto católico progresista, se explica por la ideología igualitaria que el grupo promovía, donde la lucha de clases incluía la superación de las barreras de género.

En ETA, las mujeres inicialmente ejercieron funciones similares a las del IRA: tareas logísticas, transporte de armas, recopilación de información y mantenimiento de infraestructuras clandestinas. Sin embargo, a medida que la organización terrorista sufrió una mayor presión policial y social, su papel evolucionó. Algunas militantes empezaron a liderar comandos, coordinar operaciones armadas o incluso participar en procesos de negociación con el Gobierno central, como en el caso de Iratxe Sorzabal.

La comparación entre estas organizaciones revela cómo las dinámicas culturales y políticas moldearon de manera distinta la participación femenina. En ETA, el motor fue su ideología independentista; en el IRA, la causa se centraba en la reunificación nacional, lo que limitó en parte la presencia femenina en las operaciones armadas. Las Brigadas Rojas, por su parte, integraron de manera plena a las mujeres como parte de su propuesta revolucionaria, aunque la igualdad formal convivió con estructuras internas de fuerte presión y violencia. Otro aspecto a considerar es la percepción pública de las mujeres terroristas. En el IRA y en ETA, las mujeres militantes fueron vistas a menudo como excepciones en un mundo de hombres, lo que generó una mezcla de estigmatización y romantización. En las Brigadas Rojas, su participación resultó más naturalizada dentro del relato revolucionario, aunque no exenta de juicio social. Desde la expansión en Europa del Código Napoleónico, aprobado el 21 de marzo de 1804, se asumía jurídicamente la responsabilidad igualitaria de hombres y mujeres, pero la práctica social difería según el contexto.

En conclusión, aunque la participación de las mujeres en ETA fue limitada en número, su presencia creció hasta alcanzar roles estratégicos y visibles. Frente al IRA, destacó una mayor asunción de funciones operativas; frente a las Brigadas Rojas, sin embargo, la igualdad de género fue más circunstancial que ideológica. Esta diferencia refleja las particularidades del movimiento vasco y sus tensiones entre tradición, nacionalismo y revolución. No debe olvidarse que, incluso en el comunismo, la paridad en el activismo no siempre se correspondió con una paridad real en la toma de decisiones. Dolores Ibárruri, "La Pasionaria", constituye un ejemplo: su liderazgo político en España contrastó con la escasa visibilidad que tuvo durante su etapa en la URSS. Este análisis internacional amplía la perspectiva sobre cómo las mujeres han negociado su participación en movimientos armados, y cómo estas organizaciones, a su vez, moldearon y limitaron sus espacios de acción.

Evolución Temporal

La participación femenina en ETA experimentó una evolución significativa a lo largo de las décadas, marcada por cambios en los contextos políticos, sociales y organizativos que influenciaron su papel dentro de la lucha armada. Aunque inicialmente su presencia era limitada y secundaria, las mujeres fueron asumiendo funciones cada vez más visibles y relevantes, reflejando tanto la transformación interna de ETA como las tensiones socioculturales del País Vasco y de España en su conjunto.

Años 60 y 70: funciones logísticas y de apoyo

En los primeros años de la organización terrorista, las mujeres se dedicaron principalmente a funciones logísticas: transporte de armas, mensajes y fondos, y refugio a miembros perseguidos. Estas tareas, esenciales para la operatividad clandestina de ETA, se desarrollaban lejos de los focos mediáticos y policiales, permitiendo a las mujeres actuar con mayor discreción debido a los estereotipos de género dominantes. En esta fase, la estructura de ETA reflejaba una jerarquía patriarcal, reservando a los hombres los roles operativos y de liderazgo.

La comparación histórica evoca las "margaritas" del carlismo en el siglo XIX: mujeres que, sin protagonismo en el frente de combate, garantizaban la logística y el soporte moral del movimiento insurgente.

Años 80 y 90: ascenso a la acción operativa

Con el recrudecimiento de la presión policial y la aparición de grupos parapoliciales como el Batallón Vasco Español, ETA diversificó su estructura operativa, incorporando mujeres en atentados y en el liderazgo de comandos. Esta incorporación respondía tanto a necesidades estratégicas como a los cambios sociales de la época, marcados por el auge del feminismo y la creciente presencia femenina en los movimientos sociales.

Aunque las mujeres incrementaron su visibilidad en la actividad armada, la igualdad plena dentro de la organización terrorista nunca se alcanzó. Seguían existiendo limitaciones para acceder a los niveles más altos de poder, y su participación operativa respondía más a una lógica pragmática que a una convicción ideológica igualitaria.

Años 2000: funciones estratégicas y diplomáticas

En la última etapa de ETA, marcada por su progresiva debilidad y la pérdida de apoyo social, algunas mujeres adquirieron un perfil estratégico y mediador. Dirigentes como Iratxe Sorzabal participaron en procesos de negociación con el Gobierno central, mostrando una imagen pública más "civil" de la organización terrorista. Esta estrategia reproducía, de algún modo, patrones tradicionales asociados a la figura femenina —madre, hija o esposa—, presentándolas como interlocutoras más conciliadoras.

No existen evidencias sólidas de que esta evolución estratégica fuera iniciativa propia de las militantes femeninas, sino más bien una táctica decidida por la cúpula de la banda terrorista, ejecutada por ellas en función de su imagen pública.

La trayectoria de las mujeres en ETA no fue lineal ni exenta de tensiones. Aunque muchas asumieron tareas de alta responsabilidad, persistieron dinámicas de exclusión y limitaciones propias de estructuras patriarcales, incluso en una organización que se proclamaba revolucionaria. Sin acceso a actas internas, es difícil valorar en qué medida enfrentaron resistencias explícitas por parte de sus compañeros varones.

En síntesis, la participación femenina en ETA evolucionó desde funciones de apoyo logístico en sus primeras décadas hasta roles operativos, estratégicos y diplomáticos en su última etapa. Este cambio respondió tanto a las necesidades de la organización terrorista como a las transformaciones sociales del entorno vasco y español. Su historia dentro de ETA ilustra una compleja interacción entre adaptación estratégica, tensiones internas y resistencia a las estructuras de poder tradicionales, dejando un legado ambiguo y profundamente controvertido en la historia del terrorismo europeo.

Reflexión Ética

El terrorismo no es comparable a un ejército, porque no respeta los Convenios de Ginebra, ni a una guerrilla, que excepcionalmente ataca a la población civil. El terrorista es, esencialmente, un psicópata con baja autoestima que busca superarla mediante la adrenalina y el narcisismo. Esta idea la he podido contrastar en varias conversaciones a lo largo de mi vida. En 2008, durante su visita a España, hablé con el sacerdote irlandés Alec Reid, mediador en el proceso de paz, quien transmitía la voluntad de ETA de abandonar su actividad sin renunciar a las armas ni pedir perdón a las víctimas. También lo comenté años antes con Txema Aranaz, etarra arrepentido y editor de "Pamiela", a quien visité en Pamplona en 2003 en el contexto de una investigación histórica. A lo largo del tiempo, he podido constatar este fenómeno igualmente con el magistrado Manuel García-Castellón, quien vivió bajo amenaza de muerte durante años por su defensa de la democracia española.

La participación femenina en ETA plantea, desde este marco, cuestiones éticas de gran calado sobre la relación entre los derechos de género y la militancia armada. Por un lado, estas mujeres desafiaron los roles tradicionales de su tiempo, accediendo a espacios de poder y acción que les estaban vedados en la sociedad vasca, tradicionalmente patriarcal. El acceso a roles de liderazgo y acción directa en ETA, aunque limitado, representó una ruptura significativa con las expectativas impuestas a las mujeres de su época. Sin embargo, esta misma participación estuvo condicionada por las necesidades estratégicas de la organización terrorista, no por un genuino impulso igualitario. ETA, en su estructura interna, reproducía las jerarquías de género que imperaban en la sociedad, permitiendo la presencia femenina en la medida en que fuera funcional a sus objetivos operativos. Las mujeres eran necesarias, pero no necesariamente reconocidas como iguales. No debe olvidarse el balance atroz que dejó la banda terrorista durante sus sesenta años de existencia: 854 asesinatos —incluidos veintiún niños—, más de 3.000 heridos, 86 secuestros, incontables intentos de atentado y un enorme número de exiliados y traumatizados.

Como señaló Jorge Oteiza, la violencia política supuso "el alma vasca traicionada", y fue un factor de desestabilización que amenazó la consolidación democrática española, contribuyendo incluso al contexto del golpe fallido de 1981. El terrorismo, en definitiva, es una forma de autocracia que necesita crear enemigos reales o imaginarios para sostener su legitimidad. Desde esta perspectiva, la militancia femenina en ETA genera una pregunta fundamental: ¿fue su participación una vía genuina de empoderamiento o una instrumentalización dentro de un proyecto que perpetuaba la violencia y las desigualdades? La respuesta no es sencilla. Históricamente, la violencia ha sido vista como una expresión de poder masculino —de ahí la raíz etimológica compartida entre "virilidad" y "virulencia"—, y la incorporación femenina al terrorismo rompió esa asociación, pero también contribuyó a reforzar visiones limitadas de la emancipación femenina.

A nivel personal, muchas militantes enfrentaron dilemas profundos. Al ingresar en una organización clandestina, asumían riesgos no solo legales, sino también sociales y psicológicos. El aislamiento, la clandestinidad, la criminalización y el estigma afectaron tanto a su desarrollo personal como a su inserción en la comunidad. Finalmente, es imprescindible entender que las mujeres en ETA no actuaban en un vacío: sus elecciones fueron moldeadas por un entorno de fuerte conflicto ideológico, presiones culturales y dinámicas de grupo. La perspectiva interseccional —que analiza género, política y cultura de forma entrelazada— resulta esencial para comprender la complejidad de sus trayectorias.

En conclusión, reflexionar sobre la participación femenina en ETA permite explorar los límites del empoderamiento en contextos violentos y revela las contradicciones inherentes a la búsqueda de igualdad dentro de estructuras que, en su esencia, reproducen viejas formas de dominación. Es una reflexión incómoda pero necesaria para entender no solo la historia de ETA, sino también el modo en que las ideologías revolucionarias pueden explotar las aspiraciones de igualdad con fines destructivos.

Perspectivas de Reintegración

El proceso de reintegración social de las mujeres que abandonaron ETA fue un desafío complejo, atravesado por factores legales, sociales, psicológicos y políticos. Cada trayectoria reflejó no solo las dificultades inherentes a desvincularse de una organización clandestina, sino también las tensiones entre el deseo de iniciar una nueva vida y el peso de haber pertenecido a una estructura violenta con profundas raíces ideológicas.

Una parte significativa de estas mujeres encontró en la denominada "vía Nanclares" una posibilidad para romper con el pasado. Este programa, promovido por el Gobierno central, ofrecía una vía de reintegración a quienes expresaran arrepentimiento, rechazaran la violencia y colaboraran activamente con las autoridades. Para muchas de ellas, acogerse a este proceso supuso no solo un acto de reflexión personal, sino también un desafío público, ya que la "vía Nanclares" era vista desde el entorno abertzale radical como una traición imperdonable.

La decisión de desvincularse de ETA mediante esta vía implicaba asumir riesgos significativos. Las mujeres que optaron por ella sufrieron el rechazo de sus comunidades de origen, e incluso en algunos casos amenazas o presiones sociales. Además, la memoria de las víctimas y el dolor de amplios sectores de la sociedad hicieron que su reinserción no siempre fuera aceptada de forma natural o inmediata. En el plano psicológico, el proceso fue especialmente duro. Abandonar ETA significaba romper con una identidad forjada durante años de militancia clandestina, enfrentarse a la culpa, al trauma y al vacío existencial que surgía tras dejar atrás un proyecto que había proporcionado, para muchas, un sentido de pertenencia, aunque basado en la violencia. Reconstruirse como individuos libres y responsables exigía un esfuerzo personal inmenso.

Desde una perspectiva social, la reintegración también estuvo plagada de obstáculos. Acceder a empleos, establecer nuevas relaciones personales o ser aceptadas en comunidades profundamente polarizadas resultó muy difícil. En el País Vasco, donde el "conflicto" dejó profundas heridas, estas mujeres se vieron atrapadas entre la desconfianza de las víctimas y la hostilidad del entorno más radicalizado del nacionalismo vasco. Legalmente, su reintegración implicaba asumir responsabilidades penales, colaborar con la justicia y, en algunos casos, actuar como testigos clave para desmantelar estructuras de ETA. Este papel aumentaba su exposición al riesgo de represalias, lo que requería medidas de protección específicas y una vigilancia constante de su seguridad.

Un elemento crucial en este proceso fue la aceptación social. Algunas organizaciones de apoyo y colectivos de víctimas impulsaron espacios de diálogo y reconciliación, facilitando encuentros donde estas mujeres pudieron compartir sus experiencias y trabajar en su rehabilitación. Sin embargo, la sociedad en su conjunto no siempre estuvo preparada para aceptar su arrepentimiento, especialmente cuando su excarcelación coincidía con debates judiciales como el de la anulación de la doctrina Parot, que reabrió viejas heridas y reforzó el sentimiento de impunidad.

Quizá uno de los mayores retos fue la construcción de una nueva identidad desvinculada de la militancia. Algunas mujeres encontraron en la educación, el activismo social o el trabajo comunitario formas de canalizar su necesidad de reparación. No obstante, el camino no fue lineal: muchas enfrentaron recaídas emocionales, dificultades de adaptación o fracasos en sus intentos de reconstruir su vida en libertad.

Las políticas públicas de reinserción, centradas más en el acercamiento penitenciario que en procesos de reconciliación auténtica, mostraron sus limitaciones. La falta de un marco integral de justicia restaurativa impidió en muchos casos que las heridas se cerraran de forma plena y satisfactoria. En definitiva, la reintegración de las mujeres que abandonaron ETA ilustra la enorme complejidad de romper con un pasado violento en una sociedad todavía marcada por el dolor y la desconfianza. Aunque algunas lograron reconstruir sus vidas, su experiencia subraya que la reintegración no es un acto puntual, sino un proceso largo, frágil y continuo, en el que el perdón —como la memoria— no puede ser impuesto, sino solo otorgado libremente.

Extractos de Entrevistas o Testimonios

Los testimonios de mujeres que militaron en ETA ofrecen una ventana privilegiada para comprender sus motivaciones, experiencias y dilemas. Aunque muchas de estas voces han quedado en el anonimato, otras han sido recogidas en reportajes, libros y documentales, proporcionando materiales valiosos para humanizar el análisis y evidenciar las complejidades internas de quienes participaron en la organización terrorista.

Estos relatos permiten explorar las razones personales y políticas que impulsaron su ingreso en ETA, así como los conflictos emocionales y éticos que surgieron con el paso del tiempo. A menudo, sus testimonios reflejan una tensión constante entre la convicción ideológica inicial y la percepción posterior de las consecuencias humanas de la violencia. Como herramienta narrativa, acercan al lector a la dimensión humana de sus protagonistas, alejándolas de reducciones simplistas.

Algunos ejemplos representativos incluyen:

- **Testimonio anónimo recogido en "*La razón desarmada*":**

  "Me uní a ETA porque era una forma de luchar por nuestra libertad, pero pronto me di cuenta del peso de mis decisiones."

Esta declaración subraya el choque entre el idealismo juvenil y la brutalidad de los métodos empleados, una constante en numerosos relatos.

- **Carta de María Dolores González Catarain, "Yoyes":**

  "No quiero vivir con odio ni quiero que nadie lo haga por mí."

Su asesinato tras abandonar la organización terrorista evidenció el precio que implicaba desafiar la disciplina interna de ETA y buscar una vida ajena a la violencia. Yoyes se convirtió así en uno de los rostros más visibles del verdadero arrepentimiento dentro de la militancia etarra.

Los testimonios muestran también las contradicciones de la participación femenina en una organización que, mientras se postulaba como revolucionaria y liberadora, replicaba internamente patrones patriarcales. Algunas mujeres vieron en su militancia un espacio de empoderamiento frente a los roles tradicionales, mientras que otras reconocen haber sido instrumentalizadas conforme a las necesidades estratégicas del grupo.

Así lo expresaba una mujer acogida a la *vía Nanclares*:

- **Testimonio recogido en informes del Centro Memorial de Víctimas del Terrorismo:**

  "No es fácil mirar atrás y aceptar lo que hice, pero creo que la única forma de seguir adelante es pedir perdón y buscar una forma de reparar el daño".

Esta reflexión evidencia el proceso de distanciamiento crítico que algunas de estas mujeres iniciaron tras su desvinculación de ETA.

La evolución emocional también aparece en otros relatos recogidos en medios de comunicación:

- **Reportaje en *El País*:**

  "Pensábamos que éramos heroínas, pero con el tiempo entendí que solo estábamos perpetuando el sufrimiento."

Declaraciones como esta reflejan la transformación psicológica de quienes, tras años de militancia, fueron conscientes del dolor generado.

Finalmente, los testimonios recogidos durante procesos judiciales, aunque condicionados por su contexto legal, también arrojan luz sobre la evolución ideológica de algunas militantes:

- **Declaración judicial de una exmilitante:**

  "No me arrepiento de mis ideas, pero sí de las formas en las que traté de llevarlas a cabo".

En conjunto, los testimonios aportan una perspectiva imprescindible para entender el papel de las mujeres en ETA. Reflejan no solo sus trayectorias personales, sino también las tensiones entre ideales políticos y realidades violentas, entre anhelos de igualdad y reproducción de estructuras patriarcales. Su análisis invita a abordar esta dimensión del terrorismo con empatía y rigor, reconociendo la profunda complejidad de cada historia individual en el marco de un conflicto colectivo.

Análisis de Medios

El relato, entendido como el análisis y explicación de los hechos, no puede ignorar la falta de conocimiento histórico ni de arrepentimiento real. Sólo cuando la historia supere a la memoria, y cuando la búsqueda del bien común prevalezca sobre el partidismo y la manipulación, será posible realizar un análisis justo que no equipare a las víctimas con sus verdugos. La representación mediática de las mujeres en ETA ha sido un campo fértil para construir narrativas que oscilaron entre la demonización y la romantización. A través de artículos, reportajes, documentales y obras de ficción, los medios de comunicación moldearon la percepción pública de estas mujeres, enfatizando ciertos aspectos de sus trayectorias mientras omitían otros. Este tratamiento no sólo influyó en la opinión pública, sino también en la forma en que se abordaron sus casos en el ámbito judicial y político.

En numerosos casos, los medios retrataron a las mujeres de ETA como figuras frías, calculadoras y violentas. Apodos como "la Tigresa" para Idoia López Riaño reforzaban una imagen casi caricaturesca de agresividad, deshumanizándolas y desvinculándolas de los contextos sociales y políticos que condicionaron su militancia. Este enfoque, aunque útil para alertar sobre la peligrosidad de la organización terrorista, simplificaba excesivamente la complejidad de las motivaciones personales. Simultáneamente, la representación mediática estuvo impregnada de un sesgo de género.

Mientras que los hombres en ETA solían ser presentados como líderes ideológicos o estrategas militares, las mujeres eran a menudo descritas en términos emocionales, resaltando su supuesta "traición" a los roles tradicionales de cuidadoras o madres. En ocasiones, se insinuaba incluso que habían inducido a los hombres a delinquir, reforzando estereotipos profundamente arraigados. En ciertos momentos, algunos medios adoptaron una narrativa que romantizaba la participación femenina en ETA, presentándolas como figuras excepcionales que rompían barreras de género para luchar por una causa política. El caso de María Dolores González Catarain, "Yoyes", ilustra esta tendencia. Su abandono de ETA y su posterior asesinato fueron retratados como un drama humano que, más allá de lo personal, puso de manifiesto el funcionamiento mafioso de la organización terrorista: no se permitía la desvinculación voluntaria.

Asimismo, algunas representaciones tendieron a minimizar la responsabilidad individual de estas mujeres, presentándolas como víctimas de manipulación o dependencia emocional. Esta lectura, si bien comprensible en algunos casos, despojaba a las militantes de su agencia y complejizaba aún más el relato público. Frente a esta narrativa parcial, resultó llamativo que no se contrapusiera suficientemente el testimonio de mujeres que luchaban contra el terrorismo, ya fuera en los cuerpos de seguridad o como familiares de las víctimas. Esta omisión contribuyó a un desequilibrio en la construcción del imaginario colectivo.

El enfoque sensacionalista también fue una constante. Mientras que la militancia masculina se analizaba desde la óptica política o estratégica, en el caso femenino se prestaba atención a aspectos irrelevantes como la apariencia física o las relaciones personales. Esta tendencia trivializaba su participación en ETA y desviaba el foco de su responsabilidad penal. Las imágenes de mujeres como Idoia López Riaño o María Soledad Iparraguirre, "Anboto", contribuyeron a moldear percepciones públicas, magnificando su peligrosidad o, en otros casos, diluyéndola mediante narrativas victimistas. Estos relatos mediáticos tuvieron implicaciones también en el ámbito judicial, condicionando indirectamente la percepción de jueces, fiscales y la ciudadanía sobre su grado de culpabilidad o arrepentimiento.

En las últimas décadas, la ficción —series, novelas o películas— ha continuado explorando la figura de las mujeres de ETA. Aunque estas obras han permitido una aproximación más matizada, en muchos casos perpetúan dramatizaciones que simplifican la complejidad real de sus trayectorias vitales.

En conclusión, el tratamiento mediático de las mujeres en ETA ha oscilado entre la demonización y la romantización, reflejando prejuicios de género y tensiones propias del contexto social español. Abordar esta dimensión con rigor crítico resulta esencial para evitar simplificaciones y comprender de forma profunda el papel que estas mujeres desempeñaron dentro de una de las organizaciones terroristas más significativas de la historia reciente de Europa.

Cronología de atentados, procesos de negociación y hechos relevantes con participación de mujeres de ETA

A lo largo de su historia, las mujeres de ETA participaron en diversas acciones, algunas de ellas especialmente significativas. Su rol evolucionó desde tareas logísticas hasta funciones operativas directas. Esta cronología recoge algunos de los atentados o acciones donde se documentó una implicación relevante de mujeres, reflejando la evolución de su participación en la organización terrorista.

Década de 1980

1. **Asesinato de Ramón Romeo Rotaeche (1981)**
   - **Fecha:** 24 de mayo de 1981.
   - **Lugar:** Bilbao, España.

- **Descripción:** El teniente coronel del Ejército Ramón Romeo fue asesinado en un ataque planificado contra altos mandos militares.
- **Participación femenina:** Natividad Jáuregui Espina ("Pepona") fue señalada como una de las participantes en la acción armada.

2. **Atentado de la Plaza de la República Dominicana (1986)**
   - **Fecha:** 14 de julio de 1986.
   - **Lugar:** Madrid, España.
   - **Descripción:** Un coche bomba estalló al paso de un convoy de guardias civiles, provocando 12 muertos y más de 50 heridos. Fue uno de los atentados más mortíferos de la organización terrorista.
   - **Participación femenina:** Idoia López Riaño ("La Tigresa"), miembro destacado del Comando Madrid, estuvo implicada directamente en la preparación y ejecución del atentado.
3. **Atentado en Hipercor de Barcelona (1987)**
   - **Fecha:** 19 de junio de 1987.
   - **Lugar:** Barcelona, España.
   - **Descripción:** Un coche bomba explotó en el aparcamiento del centro comercial Hipercor, causando 21 muertos y 45 heridos.
   - **Participación femenina:** Aunque no se atribuyó directamente a mujeres la ejecución operativa, su participación en labores de apoyo y logística quedó documentada en las fases preparatorias del atentado.

Década de 1990

4. **Atentado contra un convoy militar en Madrid (1991)**
   - **Fecha:** 28 de octubre de 1991.

- **Lugar:** Madrid, España.
- **Descripción:** Un coche bomba estalló al paso de un convoy militar en las cercanías de la Torre Windsor, causando varios heridos.
- **Participación femenina:** Ainhoa García Montero ("Laia") formó parte del aparato de apoyo operativo en Madrid en esa etapa, implicada en tareas de infraestructura y logística.

5. **Secuestro de José Antonio Ortega Lara (1996)**
   - **Fecha:** 17 de enero de 1996.
   - **Lugar:** Mondragón, España.
   - **Descripción:** Ortega Lara, funcionario de prisiones, fue secuestrado y mantenido cautivo durante 532 días.
   - **Participación femenina:** No existen evidencias de participación de Belén González Peñalba ("Carmen") en este secuestro, a pesar de haber pertenecido a la cúpula de ETA. Su implicación logística no está documentada para este caso específico.

6. **Intento de negociación en Suiza (1998)**
   - **Fecha:** 19 de mayo de 1999.
   - **Lugar:** Zúrich (Suiza).
   - **Descripción:** Representantes de ETA mantuvieron una reunión con representantes del Gobierno español para explorar un posible proceso de paz.
   - **Participación femenina:** Belén González Peñalba participó en la reunión haciendo funciones de secretaria tomando nota de todo. Hay que recordar que también formó parte del equipo designado por ETA para llevar a cabo las conversaciones de Argel de 1989.

Década de 2000

7. **Intento de negociación en Oslo (2006)**
   - **Fecha:** enero de 2006.

- **Lugar:** Oslo, Noruega.
- **Descripción:** Representantes de ETA mantuvieron reuniones discretas con el Gobierno español para explorar un posible proceso de paz.
- **Participación femenina:** Iratxe Sorzabal formó parte de los equipos de comunicación y enlace de la organización terrorista durante este proceso.

8. **Atentado en la T-4 del Aeropuerto de Barajas (2006)**

- **Fecha:** 30 de diciembre de 2006.
- **Lugar:** Aeropuerto de Madrid-Barajas, España.
- **Descripción:** La explosión de un coche bomba en el aparcamiento de la Terminal 4 provocó la muerte de dos personas y grandes daños materiales.
- **Participación femenina:** Izaskun Lesaka Argüelles, aunque integrante de los aparatos logísticos y militares de ETA, no desempeñó un papel estratégico en esta operación concreta.

Última etapa de ETA

9. **Intento de negociación en Noruega en 2011 y 2013**

- **Fecha:** 2011 y 2013.
- **Lugar:** Oslo (Noruega).
- **Descripción:** Representantes de ETA mantuvieron una reunión con representantes del Gobierno español para explorar un posible proceso de paz.
- **Participación femenina:** Iratxe Sorzábal Diaz participa como interlocutora en el proceso de negociación con el Gobierno español.

10. **Comunicado del cese definitivo de la actividad terrorista 2011**

- **Fecha:** 20 de octubre de 2011.

- **Lugar:** ...
- **Descripción:** ETA anunció mediante un comunicado en castellano y en euskera el cese definitivo de la actividad terrorista.
- **Participación femenina:** Iratxe Sorzábal Díaz e Izaskun Lesaka Argüelles junto a David Pla Martín, fueron los encargados de dar a conocer, a través de un comunicado y un video en euskera y castellano el cese definitivo de la actividad armada.

11. **Anuncio de la disolución de ETA (2018)**
    - **Fecha:** 3 de mayo de 2018.
    - **Lugar:** Ginebra, Suiza.
    - **Descripción:** ETA anunció su disolución definitiva tras seis décadas de actividad armada.
    - **Participación femenina:** Iratxe Sorzabal, entre otras militantes, tuvo participación en las fases finales de comunicación y cierre del ciclo histórico de la organización terrorista.

Conclusión

El terrorismo constituye una de las formas más abyectas del mal. No sólo surge de algunos de los trastornos más graves de la personalidad, como la falta de empatía, sino que además pretende paralizar a la sociedad sometiéndola a un régimen de terror. Se trata de una de las mayores disfunciones sociales, ya que necesita de redes de apoyo, delaciones y colaboradores que señalen objetivos para que otros ejecuten los atentados. Es, en definitiva, la metáfora del árbol y las nueces. El análisis de la participación femenina en ETA revela una realidad compleja y multifacética que desafía los estereotipos tradicionales de género y plantea profundas preguntas éticas. Aunque numéricamente menos representadas, las mujeres desempeñaron funciones clave para la operatividad y evolución estratégica de la organización terrorista, desde el apoyo logístico hasta la dirección de comandos y la participación en negociaciones críticas.

Su papel no puede entenderse de forma simplista, pues encierra múltiples niveles de implicación, subordinación y autonomía.

La presencia femenina en ETA pone de manifiesto las tensiones entre empoderamiento y sumisión, entre la aspiración de igualdad y la reproducción de dinámicas patriarcales en el seno de una organización insurgente. Su impacto trascendió los límites internos de ETA, generando debates en el ámbito público, académico y político sobre la violencia política y la participación de las mujeres en conflictos armados.

Este capítulo ha explorado no sólo los perfiles individuales y colectivos de las militantes, sino que también ha invitado a reflexionar sobre cómo las dinámicas sociopolíticas del País Vasco y de España influyeron en sus trayectorias. Asimismo, evidencia la necesidad de seguir investigando y documentando estas historias, no para justificar el terrorismo, sino para comprender cómo las estructuras de poder y género operan dentro de contextos de violencia organizada.

La participación femenina en ETA, con todas sus contradicciones y paradojas, forma parte de la memoria histórica de un conflicto que marcó profundamente la reciente historia de España. Analizar su rol no sólo permite entender mejor la complejidad interna de la organización terrorista, sino también cuestionar y desmontar ciertos paradigmas de género en el estudio de la violencia ideológica. Cerrar esta reflexión implica también un compromiso: integrar estas dimensiones en la narrativa histórica para construir una visión más completa, rigurosa y matizada de las dinámicas del terrorismo europeo y de sus implicaciones sociales y éticas.

En paralelo a esta realidad, las mujeres de las Fuerzas y Cuerpos de Seguridad del Estado también jugaron un papel decisivo en la derrota de ETA. Su presencia, en un principio testimonial, se fue consolidando en unidades de análisis, información y operaciones de campo. Muchas de ellas vivieron bajo la amenaza directa de los comandos que investigaban, y varias pagaron con su vida el precio de servir a la democracia. Este libro también les da voz, porque entender la participación femenina en ETA sin contraponerla a la labor de quienes la combatieron dejaría incompleta la memoria del conflicto.

Bibliografía

Aizpeolea, L. R. (2021). *ETA. Del cese del terrorismo a la disolución.* Madrid: Catarata.

Bruni, L. (1988). *ETA. Historia política de una lucha armada.* Pamplona: Txalaparta.

Centro Memorial de las Víctimas del Terrorismo. (2023). *Memorias y testimonios del conflicto vasco.* Vitoria-Gasteiz: Centro Memorial de las Víctimas del Terrorismo.

Elorza, A. (2000). *La historia de ETA.* Barcelona: Martínez Roca.

Izquierdo, J. M. (2017). *El fin de ETA.* Barcelona: Espasa.

Sánchez Corbí, M., & Simón, M. (2017). *Historia de un desafío: Cinco décadas de lucha sin cuartel de la Guardia Civil contra ETA.* Barcelona: Península.

Zulaika, J., & Douglass, W. A. (1996). *Terror and taboo: The follies, fables, and faces of terrorism.* New York: Routledge. https://doi.org/10.4324/9781315538846

Fuentes periodísticas, documentales y jurisprudenciales

Artículos y entrevistas publicados en *El País*, *Gara* y *Kale Gorria.*

Jurisprudencia del Tribunal Supremo de España en materia de terrorismo (CENDOJ).

CAPÍTULO III

EL ROSTRO FEMENINO DEL TERRORISMO

VANESA BERLANGA SILVENTE

Introducción

Este capítulo analiza la participación de mujeres en ETA desde una perspectiva sociológica, histórica y demográfica. El propósito de este trabajo es estrictamente académico: comprender cómo, en determinados contextos históricos, sociales y culturales, algunas mujeres fueron captadas o se involucraron activamente en estructuras radicalizadas. Se trata de un estudio centrado en los mecanismos de implicación femenina en organizaciones armadas, con especial atención a las dinámicas de género y poder en el seno de ETA.

En ningún momento se pretende justificar, minimizar ni reinterpretar la violencia ejercida por esta organización terrorista, cuyas acciones causaron un dolor irreparable a cientos de víctimas y sus familias. Tampoco se busca equiparar la trayectoria de las autoras de actos violentos con la experiencia de sus víctimas. Entender los procesos de participación no implica justificar las decisiones tomadas ni abrir una vía a la indulgencia. Las heridas del terrorismo siguen abiertas, y este análisis se realiza desde el máximo respeto a quienes han sufrido sus consecuencias.

A lo largo de este capítulo se hará referencia a diversos alias o motes asignados a militantes de ETA. Estos apodos, en muchos casos atribuidos por la prensa, las Fuerzas de Seguridad o el propio entorno de la organización terrorista, tienen una carga simbólica que ha contribuido a construir ciertos mitos en torno a sus protagonistas.

Debido a la naturaleza clandestina de ETA y las limitaciones documentales, en algunos casos solo se dispone de información parcial sobre la trayectoria delictiva de estas militantes.

Respecto a las fuentes, se indica que la información contenida en los perfiles de las militantes de ETA se basa en los datos disponibles procedentes de fuentes abiertas, informes oficiales y prensa especializada. En algunos casos, la naturaleza clandestina de ETA y la limitación de registros verificables implican que ciertos aspectos de las trayectorias individuales puedan ser parciales, fragmentarios o incompletos. Este capítulo refleja el estado actual del conocimiento sobre las figuras analizadas, con el debido respeto al principio de cautela historiográfica.

Análisis de su Rol

La historia de ETA no puede escribirse sin mencionar el papel que las mujeres desempeñaron en sus filas. Aunque su presencia haya sido numéricamente menor en comparación con la de los hombres, esto no significa que su implicación haya sido menos significativa. Las mujeres en ETA no solo fueron testigos del desarrollo de la organización terrorista, sino también participantes activas que influyeron en su estructura, dinámicas internas y acciones externas. Desde sus inicios, ETA reflejó las fracturas sociales y culturales de la España del siglo XX, un contexto donde algunas mujeres comenzaron a ocupar espacios tradicionalmente masculinos, llegando incluso a integrarse en organizaciones armadas. Aunque en una primera lectura su participación pueda parecer marginal, un análisis más profundo revela la complejidad de su implicación y la multiplicidad de roles que asumieron. Estas mujeres no fueron figuras pasivas ni meramente instrumentales dentro de la organización terrorista; por el contrario, algunas desempeñaron roles estratégicos que fueron cruciales para la operatividad de ETA. Desde líderes como María Soledad Iparraguirre, quien tras pasar doce años integrada en comandos paso a ocupar posiciones de responsabilidad en logística y finanzas, hasta ejecutoras de atentados como Idoia López Riaño, las mujeres etarras rompieron los estereotipos de género vigentes en el ámbito criminal, combinando determinación, convicción ideológica y habilidades estratégicas. Sin embargo, su impacto no se limitó al ámbito operacional.

Otras, como Iratxe Sorzabal, participaron en procesos de negociación, mostrando una intervención en contextos políticos que amplía nuestra comprensión sobre el papel femenino en ETA. En numerosos casos, el acceso de algunas mujeres a posiciones de responsabilidad vino facilitado por su relación de pareja[1] con militantes de mayor antigüedad o prestigio dentro de ETA. Las mujeres que alcanzaron roles de liderazgo generalmente habían pasado previamente por comandos operativos, participando directamente en acciones armadas, y por lo tanto asesinas. La dualidad que marcó sus trayectorias, entre la tensión y los intentos de romper los roles tradicionales y la perpetuación de estructuras patriarcales, ilustra las contradicciones inherentes a su participación. Aunque algunas mujeres lograron posicionarse como líderes, la estructura interna de ETA y su contexto cultural seguían reflejando una jerarquía predominantemente masculina. Esto se manifiesta, por ejemplo, en el menor acceso de las mujeres a los niveles más altos de poder dentro de la banda terrorista y en la persistencia de roles tradicionalmente asociados al género, como el apoyo logístico o el enlace entre militantes.

El objetivo de este capítulo es doble: por un lado, ofrecer un análisis sociodemográfico y estadístico que permita comprender las características comunes y particulares de las mujeres etarras; por otro, profundizar en los perfiles individuales de algunas de las figuras más significativas, para explorar cómo sus historias personales reflejan las tensiones y adaptaciones a los patrones sociales y organizativos de su tiempo.

Este enfoque permite no solo cuantificar su participación, sino también analizarla desde una dimensión más amplia, destacando las

---

1 Como ejemplos se podrían citar a: Mercedes Chivite Berango compañera sentimental de Félix Alberto López de la Calle Gauna "*Mobutu*", ambos miembros destacados del Aparato de Logística de ETA; Iratxe Sorzábal Díaz pareja sentimental de Miel Kabikoitz Karrera Sarobe "*Ata*", jefe militar de ETA; Soledad Iparraguirre Guenechea, pareja sentimental de Miguel Albisu Iriarte "*Mikel Antza*", dirigente del aparato político de ETA; Leire López Zurutuza, pareja sentimental de Mikel Garikoitz Aspiazu Rubina "*Texeroki*", jefe del aparato militar de ETA hasta su detención en 2008..

trayectorias individuales detrás de los datos y explorando las motivaciones, decisiones y sus consecuencias.

En este análisis, planteamos una pregunta central: ¿fue su participación en ETA una consecuencia de la posición subordinada que muchas mujeres ocupaban en la sociedad o un intento de encontrar un lugar dentro de una estructura de poder, aun siendo esta violenta y criminal? Esta pregunta invita a reflexionar sobre cómo algunas mujeres, en su búsqueda de protagonismo o afirmación personal, pudieron haber visto en ETA una vía distorsionada para adquirir visibilidad y romper con ciertos límites sociales, aunque ello supusiera su implicación directa en la violencia y el terror.

La participación de las mujeres en ETA, aunque cuantitativamente menor que la de los hombres, siguió patrones significativos que reflejan tanto las dinámicas sociales de su tiempo como la evolución interna de la organización terrorista. Históricamente, las mujeres representaron entre el 10 y el 15% del total de militantes durante los periodos de mayor actividad de ETA. Este porcentaje, aunque reducido, no solo resulta llamativo en comparación con la representación femenina en otras organizaciones terroristas de Europa, sino que también permite analizar su presencia en un entorno político y cultural tradicionalmente dominado por hombres. En términos sociodemográficos, las mujeres etarras compartían una serie de características comunes que permiten identificar los factores sociales y personales que favorecieron su incorporación y las funciones que desempeñaron dentro de la organización terrorista.

La mayoría de las mujeres ingresaron en ETA entre los 20 y los 30 años, una etapa crucial de sus vidas en la que el desarrollo personal y profesional a menudo coincide con la búsqueda de identidad y propósito. Este rango de edad sugiere que muchas de ellas se unieron motivadas por una combinación de ideales políticos, influencias del entorno social y, en algunos casos, factores personales como relaciones familiares o de pareja vinculadas a la organización terrorista. Muchas de las mujeres etarras tenían estudios superiores o formación técnica, lo que refleja los avances en la educación femenina en el País Vasco y Navarra durante las décadas de los 70 y 80. Este nivel educativo, superior al promedio nacional de la época, indica que estas mujeres contaban con la formación necesaria para comprender las implicaciones de su militancia y asumir funciones complejas dentro de ETA, como tareas de logística avanzada, planificación de atentados y responsabilidades de liderazgo.

Predominaban las militantes originarias de zonas rurales o urbanas pequeñas, donde la identidad vasca y los valores tradicionales tenían un arraigo más profundo. En estos contextos, la militancia en ETA podía percibirse no solo como un acto político, sino también como una reafirmación cultural frente a lo que se consideraba una imposición externa. Más allá de estas características, la evolución del papel femenino dentro de ETA es igualmente reveladora. En sus primeras décadas, las mujeres se limitaban principalmente a tareas logísticas y de apoyo, una manifestación de las barreras estructurales de género que predominaba tanto en la sociedad como dentro de la organización terrorista.

Sin embargo, a medida que ETA creció y diversificó sus operaciones, las mujeres comenzaron a ocupar roles más visibles y activos, incluyendo la ejecución de atentados y la participación en la dirección estratégica. Este cambio no solo responde a una mayor capacitación de las militantes, sino también a la necesidad de la organización terrorista de maximizar sus recursos humanos en un contexto de creciente presión policial y social. La incorporación de mujeres a ETA también puede situarse en el contexto más amplio de los cambios sociales y políticos que marcaron la segunda mitad del siglo XX. Durante las décadas de los 60 y 70, la creciente visibilidad de los movimientos sociales, incluidos los que defendían los derechos de las mujeres, coincidió con una mayor presencia femenina en distintas esferas, entre ellas algunos entornos radicalizados.

Aunque ETA no se declaraba feminista, el hecho de que aceptara a mujeres en roles activos puede interpretarse como parte de las tensiones y contradicciones propias de la época: por un lado, existía un reconocimiento pragmático de su capacidad operativa; por otro, se mantenían estructuras jerárquicas rígidas que limitaban su acceso a los niveles más altos de decisión.

En conclusión, el análisis sociodemográfico de las mujeres en ETA no solo contextualiza su participación como un fenómeno enraizado en dinámicas locales, sino también como parte de los cambios estructurales que afectaron a las sociedades europeas en las décadas analizadas. A pesar de su menor representación numérica, su implicación estratégica y operativa fue determinante para la supervivencia y la eficacia de la organización terrorista. Este dato nos invita a reflexionar sobre cómo, incluso en contextos donde se promueve cierta apariencia de igualdad interna dentro de estructuras radicalizadas, las dinámicas de género continúan desempeñando un papel relevante en las oportunidades y limitaciones de las mujeres.

Perfiles clave de mujeres en la historia de la organización terrorista

A lo largo de las décadas de actividad de ETA, las mujeres jugaron un papel multifacético que rompió con los roles de género establecidos incluso en ámbitos criminales en contextos de militancia armada. Desde posiciones logísticas hasta roles de liderazgo y ejecución, estas mujeres no solo contribuyeron a las operaciones de la organización terrorista, sino que también se convirtieron en figuras simbólicas de las tensiones y contradicciones inherentes a su participación. Aunque algunas permanecieron en la sombra, otras alcanzaron notoriedad tanto dentro de ETA como en la narrativa mediática.

Con el objetivo de ofrecer una visión más detallada de su impacto, se presentan a continuación los perfiles de 16 mujeres con especial relevancia dentro de la organización terrorista, analizando sus trayectorias, factores de implicación y las huellas que su participación dejó en la historia reciente del terrorismo en España.

1. Idoia López Riaño ("Margarita" y "La Tigresa")

Historia

Nacida en San Sebastián (Guipúzcoa) en 1964, Idoia López Riaño creció en un contexto social y político marcado por el auge de ETA y el conflicto en el País Vasco. Su ingreso en la organización terrorista durante su juventud refleja no solo una convicción ideológica, sino también una influencia directa del entorno radicalizado en el que se desarrolló. Su apodo, "La Tigresa", es indicativo de su carácter y reputación dentro de la organización terrorista, marcada por su papel activo en acciones de gran impacto.

Idoia se convirtió en miembro destacado del "Comando Madrid", uno de los grupos operativos más letales de ETA. Entre 1984 y 1986, participó en 23 asesinatos, entre los que se incluye el atentado de la Plaza de la República Dominicana en 1986, donde murieron 12 guardias civiles y resultaron heridas decenas de personas. Este ataque fue uno de los más sangrientos de la historia de la banda terrorista ETA y consolidó su figura como una de las militantes más conocidas de la época. En 1994, tras años de persecución policial, fue detenida en Francia y extraditada a España en 2001. Durante su encarcelamiento, López Riaño inició un distanciamiento progresivo respecto a ETA, que culminó en su desvinculación formal de ETA. Este cambio se concretó al acogerse a la llamada "vía Nanclares", un programa institucional orientado a promover el reconocimiento del daño causado y la reincorporación controlada a la sociedad de los presos que renunciaban públicamente a la violencia y a la disciplina de la organización terrorista.

Aunque su colaboración con la justicia para esclarecer atentados fue escasa, como sucedió en la mayoría de los casos acogidos a la 'vía Nanclares'. Esta decisión le valió la expulsión del colectivo de presos de ETA y generó una fuerte polémica dentro del entorno abertzale, que la consideró una traidora.

Su caso refleja las tensiones internas que vivieron algunos militantes en prisión, pero no borra la responsabilidad directa que tuvo en numerosos atentados ni el dolor irreparable causado a las víctimas.

Análisis de trayectoria

El apodo "La Tigresa" refleja la percepción que sus compañeros de militancia y las fuerzas de seguridad tenían de ella: una persona decidida, agresiva y determinada en el cumplimiento de los objetivos de la banda terrorista ETA. Su juventud, combinada con su implicación activa en atentados de gran impacto, la convirtió en una figura temida y simbólica dentro de ETA. Sin embargo, su posterior arrepentimiento y desvinculación muestran una evolución personal significativa. La "vía Nanclares" no solo fue un acto de ruptura con ETA, sino también una búsqueda de reconciliación consigo misma y con las víctimas de sus acciones. Este cambio sugiere una capacidad introspectiva y una disposición a enfrentarse a las consecuencias emocionales y sociales de sus decisiones pasadas.

El caso de Idoia López Riaño ilustra las tensiones y contradicciones que marcaron la trayectoria de muchas mujeres en ETA. Su papel como ejecutora activa de atentados contrasta con su evolución posterior hacia el arrepentimiento, destacando las complejidades de la militancia armada y las dificultades para reconciliar la ideología con las consecuencias humanas de la violencia.

Impacto y repercusión

Idoia López Riaño dejó un impacto profundo y complejo tanto dentro de ETA como en la sociedad española en general. Como miembro destacado del "Comando Madrid", su implicación en acciones armadas de gran impacto, incluyendo el atentado de la Plaza de la República Dominicana, la posicionó como una figura temida y simbólica dentro de la organización terrorista. Este atentado, en el que murieron 12 guardias civiles, no solo consolidó su reputación como una militante activa y peligrosa, sino que también se convirtió en un episodio emblemático del horror causado por ETA en su lucha armada.

Sin embargo, su posterior arrepentimiento y desvinculación de ETA añadieron una nueva dimensión a su trayectoria personal. Al acogerse a la "vía Nanclares", López Riaño se convirtió en un símbolo de las tensiones y divisiones internas dentro del entorno abertzale. Su decisión de romper con la disciplina de la organización terrorista y buscar la reintegración generó una fuerte controversia entre los militantes y simpatizantes de ETA, algunos de los cuales la consideraron una traidora.

Este paso también subrayó la posibilidad de que incluso los miembros más comprometidos de ETA pudieran reconsiderar sus acciones y buscar un camino diferente.

Desde una perspectiva social y política, el caso de Idoia López Riaño refleja la complejidad de los procesos de arrepentimiento y reconciliación en contextos de terrorismo.

Su evolución personal, desde una ejecutora activa a una figura que buscaba tomar distancia de su pasado violento y asumir las consecuencias de sus actos, pone de relieve las dificultades emocionales y éticas inherentes a la militancia armada. Además, su historia destaca el papel del "programa Nanclares" como una herramienta para fomentar la reflexión y el abandono de la violencia entre los militantes encarcelados.

El legado de López Riaño es, por tanto, ambiguo. Por un lado, representa el impacto devastador de las acciones de ETA en la sociedad española y el sufrimiento de sus víctimas. Por otro lado, su historia de arrepentimiento y desvinculación permite analizar con mayor profundidad la dimensión individual de algunos militantes de ETA, recordando que incluso los responsables de actos violentos pueden revisar su trayectoria y colaborar con iniciativas institucionales alejadas de la violencia. Su figura sigue siendo un recordatorio poderoso de las tensiones entre el compromiso ideológico, las decisiones individuales y las consecuencias de la violencia política. En última instancia, su historia invita a una reflexión más amplia sobre las posibilidades de revisión crítica del pasado violento y el papel de la justicia y la memoria en contextos de conflicto armado.

2. *María Soledad Iparraguirre Guenechea ("Anboto")*

Historia

Nacida en Escoriaza (Guipúzcoa) en 1961, María Soledad Iparraguirre Guenechea, conocida como "Anboto", es una de las figuras más relevantes en la historia de ETA. Su apodo proviene de un monte emblemático del País Vasco, lo que refleja la carga identitaria que algunos miembros vinculaban a su militancia. Desde joven, Iparraguirre mostró afinidad por el movimiento independentista radical, ingresando en las filas de ETA en una época marcada por la creciente actividad de la organización terrorista y por un entorno de fuerte confrontación con el Estado español. A lo largo de su carrera, ascendió hasta ocupar puestos de alta responsabilidad, convirtiéndose en una de las pocas mujeres en alcanzar el liderazgo dentro de la organización terrorista. "Anboto" fue clave en la gestión de áreas estratégicas como la logística y las finanzas, tareas fundamentales para la operatividad de ETA.

Se le atribuyen funciones relacionadas con la obtención de fondos mediante extorsión —conocida como el "impuesto revolucionario"—, así como la planificación y el soporte logístico para atentados y otras operaciones. En 2004, tras años de intensa actividad, fue detenida en Francia, donde residía de manera clandestina. Su arresto marcó un golpe significativo para la estructura de ETA, ya que desempeñaba un papel central en la organización terrorista en ese momento. Posteriormente, en 2019, fue extraditada a España para enfrentar múltiples condenas por delitos de terrorismo. Entre los casos más relevantes que se le atribuyen están su participación en atentados mortales y la planificación de actividades armadas durante los años más intensos de ETA.

Análisis de trayectoria

El liderazgo de "Anboto" dentro de ETA se construyó a partir de un perfil marcado por el control operativo y la disciplina interna. A lo largo de su trayectoria, mantuvo una convicción ideológica firme, que la llevó a asumir un nivel elevado de implicación en las estructuras estratégicas de la organización terrorista. Su implicación en la gestión de áreas clave, como las finanzas y la logística, pone de manifiesto un perfil orientado a la planificación, con una participación constante en la toma de decisiones relevantes.

Iparraguirre fue considerada una figura de referencia dentro de ETA, tanto por su experiencia acumulada en la estructura interna como por su participación en momentos de alta presión organizativa. Estas funciones la situaron en una posición de influencia operativa en un entorno dominado por hombres y marcado por tensiones internas. No obstante, su recorrido estuvo condicionado por la jerarquía de poder que estructuraba ETA, donde el acceso de las mujeres a los máximos niveles seguía siendo limitado. A pesar de estas restricciones, "Anboto" ocupó un lugar destacado entre las militantes, convirtiéndose en una de las figuras femeninas más visibles en la historia de la la banda terrorista ETA.

Impacto y repercusión

La trayectoria de María Soledad Iparraguirre ilustra tanto la capacidad de las mujeres para desempeñar roles estratégicos en ETA como las contradicciones inherentes a su participación en una estructura que, aunque permitía cierta inclusión, seguía siendo predominantemente masculina en su jerarquía. Su caso es también una muestra representativa del peso simbólico y operativo que algunas mujeres llegaron a tener en la organización terrorista, rompiendo con los roles tradicionalmente asignados a las mujeres y ocupando funciones de mayor responsabilidad dentro de la misma.

En el momento de su detención era pareja sentimental del dirigente de ETA *"Mikel Antza"*. Tras su detención y extradición, "Anboto" continúa siendo una figura emblemática tanto para quienes justifican su militancia como para quienes analizan el impacto del terrorismo en la historia reciente de España. Su nombre se asocia no solo con su implicación en actos de violencia, sino también con la estructura de poder interna y la posición que algunas mujeres alcanzaron dentro de ETA.

3. Belén González Peñalba ("Carmen")

Historia

Belén González Peñalba, conocida por su alias "Carmen", nació en la localidad navarra de Tafalla en 1956 y se convirtió en una de las militantes más activas de ETA durante los años 80 y 90.

Su participación en la organización terrorista estuvo marcada por su implicación en estructuras de apoyo y coordinación operativa, consolidándose como una figura central en el entramado interno de ETA. Participó en los procesos de negociación con el Gobierno español en 1989 en Argel y en 1998 en Suiza. A lo largo de su militancia, "Carmen" fue detenida en varias ocasiones, enfrentándose a largas penas de prisión por su implicación directa en delitos de terrorismo. A pesar de ello, mantuvo su lealtad a ETA durante toda su vida, reafirmando su compromiso con la causa incluso en los momentos más difíciles. En prisión, fue considerada una figura influyente entre sus compañeros, desempeñando un rol de liderazgo dentro del colectivo de presos de la organización terrorista.

Belén González Peñalba falleció en 2017 a causa de una enfermedad degenerativa, lo que marcó el final de una vida definida por su implicación en ETA y su resistencia ante las adversidades. Su muerte fue recibida con reacciones encontradas, siendo recordada como una militante comprometida por su entorno, mientras que para sus víctimas y para la sociedad española representaba una de las caras más visibles de las acciones más duras del terrorismo etarra.

Análisis de trayectoria

La trayectoria de "Carmen" destaca por su resistencia emocional y psicológica, cualidades que le permitieron enfrentar situaciones de alta tensión durante su militancia y su encarcelamiento. Su implicación en tareas organizativas y su presencia en el colectivo de presos evidencian una personalidad marcada por la disciplina, el pragmatismo y la capacidad de operar en condiciones extremas.

Su lealtad inquebrantable a ETA refleja una profunda identificación con los ideales de la organización terrorista y una fuerte convicción ideológica que trascendió las adversidades personales. Esta devoción, combinada con su rol de liderazgo en prisión, sugiere una personalidad resiliente, orientada al cumplimiento de objetivos y al mantenimiento de la cohesión interna.

Impacto y repercusión

El caso de Belén González Peñalba es ilustrativo de las dinámicas internas de ETA y del papel de las mujeres en la organización terrorista. Su influencia dentro del colectivo de presos refleja la diversidad de roles que las militantes podían desempeñar, desde funciones operativas hasta posiciones simbólicas de liderazgo. La vida de "Carmen" también subraya las contradicciones inherentes a la militancia en ETA: mientras defendía una causa política y social, sus acciones generaron un profundo impacto en las víctimas y sus familias, consolidándola como una figura controvertida en la memoria colectiva de España. Su historia es un recordatorio de cómo las mujeres, aunque numéricamente menos representadas, desempeñaron roles significativos y, a menudo, influyentes en la estrategia y operatividad de la banda terrorista ETA.

4. Iratxe Sorzábal Díaz ("Ezpela")

Historia

Nacida en Irún (Guipúzcoa) en 1971, Iratxe Sorzabal Díaz se convirtió en una de las últimas dirigentes destacadas de ETA antes de la disolución de la organización terrorista en 2018. Su trayectoria militante comenzó en los años 90, una etapa caracterizada por la intensificación de las operaciones de ETA y la creciente presión de las fuerzas de seguridad españolas y francesas. Sorzábal ascendió rápidamente en las filas de ETA, asumiendo roles de liderazgo que la posicionaron como una de las figuras más influyentes en la etapa final de ETA. Sorzábal asumió funciones de dirección en un momento de vacancia organizativa, tras las detenciones sucesivas de los principales líderes, más por necesidad estructural que por designación planificada. Fue pareja sentimental del jefe militar de ETA Mikel Kabikoitz Karrera Sarobe "Ata".

Entre las acciones más significativas de Sorzabal destaca su participación en los procesos de negociación con el Gobierno español, incluidos los encuentros celebrados en Noruega entre 2011 y 2013. Estos diálogos, que buscaban alcanzar un cese definitivo de la violencia, marcaron un cambio de estrategia en ETA, que comenzaba a vislumbrar el fin de su actividad armada. En este contexto, Sorzábal desempeñó un papel clave como interlocutora, mostrando habilidades para manejar escenarios de alta tensión y complejidad política. En octubre de 2011 aparece junto a Izaskun Lesaka Argüelles y David Pla Martín en el video publicado por ETA dando a conocer el cese definitivo de la actividad terrorista.

En 2015, Sorzabal fue detenida en Saint-Étienne-de-Baïgorry, Francia, junto a David Pla, otro destacado dirigente de ETA. Su arresto fue considerado un golpe significativo para la organización terrorista, ya que ambos lideraban lo que quedaba de la dirección política de ETA en sus últimos años. Desde entonces, Sorzábal ha enfrentado múltiples procesos judiciales en España y Francia por su implicación en actos de terrorismo, incluidos atentados y extorsiones relacionadas con el "impuesto revolucionario".

Análisis de trayectoria

El perfil psicológico de Iratxe Sorzábal revela una personalidad compleja, marcada por la combinación de firmeza ideológica y habilidades estratégicas. Su participación en procesos de negociación con el Gobierno español evidencia una capacidad para actuar en contextos diplomáticos y manejar situaciones de alta presión.

Esto sugiere una personalidad orientada al diálogo, adaptable a diferentes escenarios y capaz de equilibrar la lealtad a los principios de ETA con la necesidad de explorar vías políticas para resolver el conflicto. Sorzábal también demostró una notable resiliencia frente a la adversidad, manteniéndose activa en la organización terrorista incluso en sus últimos años, cuando ETA enfrentaba un declive operativo y político.

Su capacidad para asumir roles de liderazgo en una etapa tan crítica refleja determinación, disciplina y una comprensión estratégica de la dinámica del conflicto.

Impacto y repercusión

El papel de Iratxe Sorzábal en los últimos años de ETA es emblemático, de la transición de la organización desde la violencia armada hacia el cese definitivo de sus actividades. Como dirigente en una época de cambio, su figura encapsula las tensiones internas de ETA: la lucha entre el compromiso con la lucha armada y la necesidad de adaptarse a un contexto político que ya no justificaba su existencia.

Su participación en procesos de negociación es un recordatorio de la capacidad de algunos líderes de ETA para actuar en terrenos políticos, mostrando que la organización, aunque profundamente marcada por la violencia, también contenía elementos capaces de explorar vías políticas. Sin embargo, su implicación en atentados y actividades violentas anteriores la convierten en una figura controvertida, tanto dentro como fuera del entorno abertzale. El legado de Sorzábal es una mezcla de simbolismo y realismo: como una de las últimas líderes de ETA, su trayectoria refleja no solo la resistencia de la organización terrorista en su declive, sino también la inevitabilidad de su desarticulación en un contexto político y social que exigía el fin del terrorismo.

5. Izaskun Lesaka Argüelles ("Ane")

Historia

Izaskun Lesaka Argüelles, nacida en Pamplona (Navarra) en 1975, se convirtió en una de las figuras más relevantes de ETA durante los últimos años de actividad de la organización terrorista. Su militancia estuvo marcada por su implicación directa en tareas logísticas y de apoyo estratégico, desempeñando un papel central como coordinadora del aparato logístico de ETA. Lesaka formó parte de una generación de militantes que asumieron responsabilidades clave en una etapa de declive para ETA, lo que exigió un alto nivel de capacidad organizativa y determinación para mantener su operatividad.

A lo largo de su carrera, Lesaka mostró una habilidad destacada para gestionar las actividades logísticas de ETA, consolidándose como una figura de confianza dentro de la estructura interna de la organización terrorista. Su rol implicaba asegurar la infraestructura necesaria para las operaciones, gestionar recursos, coordinar movimientos de militantes y facilitar la seguridad de los comandos, lo que refleja su conocimiento profundo de la organización clandestina.

En octubre de 2011 aparece junto a Iratxe Sorzábal Díaz y David Pla Martín en el video publicado por ETA dando a conocer el cese definitivo de la actividad terrorista.

En octubre de 2012, Lesaka fue detenida en una operación conjunta entre las policías francesa y española en un hotel de Mâcon, Francia, en ese momento era una de las integrantes del comité ejecutivo de ETA, su máximo órgano de dirección, con anterioridad había sido la mano derecha y pareja sentimental del jefe del aparato militar de ETA, Mikel Kabikoitz Karrera Sarobe "Ata". Su captura representó un golpe significativo para ETA, ya que debilitó aún más su capacidad logística en una etapa ya marcada por su desarticulación progresiva.

Análisis de trayectoria

Izaskun Lesaka se caracterizó por una personalidad meticulosa, orientada a la acción y altamente disciplinada. Su rol como coordinadora logística exigía un equilibrio entre la planificación estratégica y la capacidad de operar en condiciones de alta presión. Estas cualidades, combinadas con su lealtad a la causa de ETA, la posicionaron como una figura clave en la estructura de apoyo de la organización terrorista.

El perfil psicológico de Lesaka refleja una capacidad notable para operar en la clandestinidad, lo que implica un alto grado de autocontrol, resiliencia y habilidad para manejar situaciones de riesgo extremo. Su labor logística, vital para garantizar el funcionamiento operativo de los comandos, sugiere una personalidad pragmática y decidida.

Aunque ocupaba un puesto de responsabilidad, su trayectoria también pone de manifiesto las limitaciones inherentes a la jerarquía patriarcal de ETA, donde las mujeres, a pesar de su importancia operativa, enfrentaban barreras para acceder a los niveles más altos de poder. No obstante, Lesaka logró consolidarse como una de las pocas mujeres con un rol de liderazgo en la infraestructura de apoyo de la organización terrorista, evidenciando su capacidad para superar estas restricciones.

Impacto y repercusión

La figura de Izaskun Lesaka representa la importancia de las mujeres en la estructura logística de ETA, especialmente en roles que requerían habilidades excepcionales para coordinar recursos y movimientos en condiciones de clandestinidad.

Su captura en 2012 debilitó aún más el entramado logístico de la organización terrorista, marcando un punto de inflexión en su proceso de desarticulación final. El legado de Lesaka destaca por su capacidad para adaptarse a los desafíos de una organización en retroceso, demostrando que el papel de las mujeres en ETA no se limitó a tareas auxiliares, sino que incluyó funciones críticas para su funcionamiento interno. Su historia ilustra cómo, aunque minoritarias en número, algunas mujeres desempeñaron funciones esenciales en el entramado estratégico de la organización terrorista.

6. Ainhoa García Montero ("Laia")

Historia

Nacida en San Sebastián (Guipúzcoa) en 1975, Ainhoa García Montero conocida por su alias "Laia", fue una destacada integrante del aparato militar de ETA, la rama encargada de llevar a cabo atentados y operaciones armadas. Su militancia en ETA comenzó en un periodo de alta actividad terrorista, caracterizado por atentados de gran impacto y una fuerte respuesta por parte de las fuerzas de seguridad.

A lo largo de su trayectoria, García Montero estuvo implicada en diversas acciones armadas, desempeñando un papel clave en la planificación y ejecución de atentados. Su nombre apareció vinculado a operaciones importantes de ETA, que reflejan su implicación directa en la estrategia violenta de la organización terrorista. Entre sus actividades se incluían tanto la logística como la participación activa en ataques contra objetivos específicos.

En 2003, García Montero fue detenida en Francia durante una operación de las fuerzas de seguridad franco-españolas, que perseguían desarticular la estructura operativa de ETA en territorio francés. Su captura representó un golpe significativo para la organización terrorista, ya que formaba parte del núcleo operativo del aparato militar. Tras su arresto, fue extraditada a España, donde enfrentó juicios por su implicación en varios delitos de terrorismo.

En 2024, García Montero admitió su participación en el asesinato del empresario José María Korta en el año 2000. Este reconocimiento, en el marco de un acuerdo judicial, marcó un hito en su trayectoria, ya que aceptó una condena de 26 años y 9 meses de prisión, asumiendo la responsabilidad por uno de los crímenes más emblemáticos de ETA en ese periodo.

Análisis de trayectoria

El perfil psicológico de Ainhoa García Montero sugiere una personalidad audaz, determinada y comprometida con la causa de ETA. Su disposición a participar directamente en acciones armadas refleja una valentía que iba más allá del cumplimiento de órdenes, mostrando una identificación plena con los objetivos de la la banda terrorista ETA. García Montero demostró una notable capacidad para operar bajo presión, característica esencial para su rol en el aparato militar.

Su implicación en tareas logísticas y su participación en atentados indican habilidades estratégicas y una capacidad para asumir riesgos significativos en entornos de alta tensión. Está acusada de numerosas acciones terroristas como el asesinato de dos ertzainas en Beasain (Guipúzcoa) en noviembre de 2001. Además, su captura y posterior admisión de culpabilidad en crímenes violentos sugieren una dimensión introspectiva que podría haber surgido con el tiempo, en un contexto de reflexión sobre las consecuencias de sus actos.

Impacto y repercusión

La trayectoria de Ainhoa García Montero destaca por su implicación directa en la estrategia violenta de ETA y su participación en acciones emblemáticas de la banda terrorista. Como integrante del aparato militar, su contribución refuerza la idea de que las mujeres en ETA no se limitaron a roles de apoyo, sino que participaron activamente en operaciones armadas, desafiando estereotipos de género y asumiendo responsabilidades en un entorno predominantemente masculino. Integrante del comando "Buruntza" y compañera sentimental del dirigente del aparato militar de ETA, Ibon Fernández Iradi "Susper".

Su captura en 2003 y su posterior admisión de culpabilidad en 2024 subrayan las tensiones inherentes a su trayectoria: por un lado, su lealtad inicial a la organización terrorista y su implicación en crímenes graves; por otro, el reconocimiento de sus actos y la aceptación de las consecuencias judiciales. Esta evolución personal refleja las complejidades del papel de las mujeres en ETA, quienes, a pesar de su compromiso con la causa, no estuvieron exentas de dilemas éticos y de las presiones inherentes a su participación en una organización violenta.

El legado de García Montero es representativo de una generación de militantes que asumieron roles clave en el aparato militar de ETA, dejando una marca en la historia de la organización terrorista y en el análisis de las dinámicas de género en contextos de militancia armada.

7. Natividad Jáuregui Espina ("Pepona" y "Jaione")

Historia

Nacida en San Sebastián (Guipúzcoa) en 1958, Natividad Jáuregui Espina conocida como "Pepona", es una de las figuras más controvertidas asociadas con la actividad armada de ETA debido a su implicación directa en atentados de alto perfil. Jáuregui se unió a ETA en las décadas de los 80 y 90, una etapa marcada por la intensificación de los ataques de la organización terrorista contra las fuerzas de seguridad y figuras políticas.

Jáuregui fue acusada de participar en el asesinato del teniente coronel Ramón Romeo Rotaeche, un ataque perpetrado en 1981 que marcó uno de los episodios más violentos de ETA en aquellos años. Este atentado, que fue parte de una serie de acciones dirigidas contra altos mandos militares, evidenció la capacidad de ETA para planificar y ejecutar operaciones dirigidas a desestabilizar el Estado español. Tras la intensificación de las investigaciones y la presión policial, Jáuregui huyó a Bélgica en la década de los 90, donde vivió durante décadas bajo una identidad falsa, eludiendo la justicia española. Su capacidad para permanecer en la clandestinidad durante tanto tiempo refleja una habilidad notable para adaptarse a un entorno hostil y mantenerse fuera del alcance de las autoridades.

Durante su tiempo en Bélgica, ETA enfrentaba un declive tanto operativo como político, pero Jáuregui continuó siendo una figura buscada por su implicación en delitos graves.

En 2013, Jáuregui fue localizada en Bélgica, lo que dio inicio a un largo proceso legal para lograr su extradición a España. Finalmente, en 2020, tras años de disputas legales y resistencia por parte de sus abogados, fue extraditada a España, donde enfrentó cargos relacionados con su militancia en ETA y su participación en atentados. Su regreso al país simbolizó un triunfo para las fuerzas de seguridad en su esfuerzo por llevar ante la justicia a los miembros de ETA que permanecían prófugos.

Análisis de trayectoria

El perfil psicológico de Natividad Jáuregui revela una personalidad marcada por su resiliencia y su capacidad para operar en condiciones extremas. Su prolongada fuga, durante más de tres décadas, demuestra una notable habilidad para vivir en la clandestinidad, lo que implica una gran capacidad de adaptación, planificación y autocontrol. Estas cualidades, esenciales para permanecer fuera del radar de las autoridades, también reflejan una disposición a asumir riesgos significativos para evitar ser capturada.

Jáuregui parece haber sido una persona altamente pragmática, enfocada en su propia supervivencia mientras mantenía una lealtad ideológica a los principios de ETA. Su resistencia a aceptar su extradición y su prolongada lucha legal en Bélgica sugieren una personalidad resistente y combativa, que no se dejó intimidar por las circunstancias adversas.

Impacto y repercusión

El caso de Natividad Jáuregui es un ejemplo de la complejidad de las operaciones de ETA y de las consecuencias a largo plazo de su militancia armada. Su fuga prolongada y su captura final reflejan tanto la determinación de las fuerzas de seguridad para llevar a los responsables ante la justicia como la capacidad de los militantes de ETA para evadir la persecución durante largos periodos.

El legado de Jáuregui, al igual que el de otros miembros de ETA, está marcado por las tensiones entre su lealtad a la causa y el impacto devastador de sus acciones en las víctimas y sus familias. Su vida en la clandestinidad, junto con su posterior extradición, simboliza el cierre de una etapa en la historia del terrorismo en España y pone de manifiesto los desafíos éticos y políticos asociados con la reconciliación y la justicia en el contexto de los crímenes de ETA.

8. María Dolores González Catarain ("Yoyes")

Historia

María Dolores González Catarain, conocida como "Yoyes", nació en Ordizia (Guipúzcoa) en 1954. Fue una de las primeras mujeres en alcanzar un puesto de liderazgo dentro de ETA, destacando por su capacidad intelectual, estratégica y su compromiso ideológico. Durante su militancia en los años 70, Yoyes se convirtió en una figura emblemática de la organización terrorista, representando la evolución y el crecimiento de ETA como una fuerza política y armada.

Yoyes asumió responsabilidades clave dentro de ETA en una etapa en la que la organización comenzaba a diversificar sus estrategias y ampliar su alcance. Sin embargo, tras varios años de actividad armada y liderazgo en la organización terrorista, empezó a cuestionar los métodos violentos de ETA y sus consecuencias. Su creciente desencanto con la lucha armada, sumado a su deseo de buscar una vida fuera del terrorismo, la llevó a abandonar la organización terrorista en 1979.

Tras su desvinculación de ETA, Yoyes buscó reintegrarse a la sociedad, trasladándose a México, donde completó su formación y trató de construir una nueva vida. En 1985, regresó al País Vasco con la esperanza de reconciliarse con su entorno y retomar una vida normal. Sin embargo, su decisión de abandonar ETA y su regreso a España fueron percibidos por la organización terrorista como una traición. El 10 de septiembre de 1986, mientras paseaba con su hijo en su localidad natal de Ordizia, Yoyes fue asesinada a tiros por un comando de ETA, un acto que conmocionó a la sociedad española y expuso las tensiones internas de la organización.

Análisis de trayectoria

El perfil psicológico de María Dolores González Catarain destaca por su integridad, valentía y determinación. Como una de las primeras mujeres en ocupar un puesto de liderazgo dentro de ETA, Yoyes rompió con los estereotipos de género de su tiempo, demostrando habilidades estratégicas y una fuerte convicción ideológica. Sin embargo, su capacidad para cuestionar los métodos de ETA y optar por abandonar la organización terrorista refleja una dimensión introspectiva y un sentido ético profundo, poco común entre los militantes de su época.

Su decisión de alejarse de ETA y enfrentarse a las consecuencias de su deserción muestra una fortaleza personal significativa. Yoyes no solo desafió a la organización terrorista al renunciar a la militancia, sino que también intentó reconciliarse con una sociedad que seguía marcada por el conflicto y la violencia. Este acto de valentía, aunque terminó trágicamente, subraya la complejidad de su carácter y las tensiones inherentes a su vida.

Impacto y repercusión

El asesinato de Yoyes marcó un punto de inflexión en la percepción pública de ETA, exponiendo la brutalidad de la organización terrorista incluso hacia sus propios miembros. Su muerte simbolizó las contradicciones internas de ETA y las dificultades de quienes intentaron abandonar la militancia armada para buscar una vida diferente.

Yoyes se convirtió en un símbolo de las tensiones entre la lealtad a una causa y el deseo de vivir en paz. Su historia ha inspirado libros, documentales y análisis que destacan tanto su valentía como las complejidades de su vida. En la memoria colectiva, Yoyes representa la posibilidad de cambio y el coste personal de desafiar a una banda terrorista que no toleraba la disidencia interna.

El legado de María Dolores González Catarain trasciende su papel en ETA, sirviendo como un recordatorio de las dificultades inherentes a los procesos de reconciliación y las tensiones entre el idealismo y la realidad en contextos de violencia política.

9. Mercedes Galdós Arzuaga ("La Monja")

Historia

Nacida en Zumarraga (Guipúzcoa) en 1955, Mercedes Galdós Arzuaga, apodada "La Monja" debido a su apariencia y comportamiento discretos, se incorporó a ETA en una época donde la banda terrorista intensificaba sus acciones armadas. A pesar de que su apodo evocaba imágenes de pacifismo y reserva, Galdós se involucró profundamente en actividades claves de la lucha armada. Su entrada en ETA coincidió con un momento de reestructuración interna y expansión de la influencia de la organización terrorista, lo que significó un periodo de aprendizaje acelerado y de adaptación a la clandestinidad y el peligro constante. A lo largo de su carrera en ETA, Galdós participó en la planificación y ejecución de varias operaciones significativas, manteniendo siempre un perfil bajo que contradecía el estereotipo del militante radical y visible.

Análisis de trayectoria

Mercedes Galdós Arzuaga se distinguía por una personalidad compleja, en la que se combinaban una profunda convicción ideológica y una capacidad excepcional para la discreción. Esta dualidad le permitió asumir roles críticos dentro de la banda terrorista sin atraer la atención indeseada de las fuerzas de seguridad. Metódica y extremadamente reservada, Galdós utilizaba su inteligencia emocional y su autocontrol para gestionar situaciones de alta tensión, lo que le permitió dirigir y participar en operaciones sin comprometer su seguridad o la de sus compañeros.

Su temperamento frío y calculador contrastaba con la pasión que sentía por la causa de ETA, equilibrando de esta manera el fervor ideológico con la eficacia operativa.

Impacto y repercusión

El impacto de Mercedes Galdós Arzuaga en ETA se extiende más allá de sus contribuciones operativas, influenciando la percepción del papel de las mujeres en organizaciones militantes. A través de su trabajo, Galdós desafiaba las expectativas tanto de sus aliados como de sus adversarios, demostrando que las mujeres no solo podían participar en la lucha armada, sino que podían desempeñar roles de liderazgo y estratégicos. Su legado es una poderosa refutación de los estereotipos de género dentro del terrorismo y ofrece un testimonio crucial de la diversidad de perfiles que pueden encontrarse en tales organizaciones. Además, Galdós dejó una marca indeleble en la memoria colectiva de ETA como un ejemplo de cómo la dedicación y el compromiso no necesitan siempre ser visibles para ser efectivos. Su historia sigue siendo relevante en los estudios sobre género y militancia, proporcionando un caso de estudio sobre la integración de las mujeres en roles no tradicionales dentro de movimientos radicales.

10. Carmen Guisasola Solozabal ("La Gorda")

Historia

Nacida en Marquina (Vizcaya) en 1958, Carmen Guisasola, apodada "La Gorda", desempeñó un papel significativo en ETA durante los años más activos de la banda terrorista. Su carrera dentro de ETA abarcó desde tareas de logística hasta la participación directa en operaciones armadas, lo que le permitió adquirir un conocimiento profundo de la estructura interna y las estrategias del grupo. En los años más duros de la banda terrorista formaba parte del comando de liberados "Vizcaya".

Tras su detención y posterior ingreso en prisión, Guisasola inició un proceso de reflexión personal que la llevó a desvincularse ideológicamente de ETA. Esta ruptura no se tradujo en una colaboración activa con las autoridades para la prevención de atentados ni en la facilitación de información operativa, pero sí se manifestó en su distanciamiento público respecto a la banda terrorista y en su participación en iniciativas que promovían el abandono de la violencia. A pesar de no haber proporcionado datos que ayudaran a esclarecer crímenes o evitar ataques, su renuncia a la lucha armada y su rechazo explícito a los postulados de ETA tuvieron un impacto simbólico importante, especialmente en el contexto de la llamada "vía Nanclares" de reinserción de presos.

Análisis de trayectoria

El cambio ideológico y ético en Carmen Guisasola refleja un proceso de transformación personal profundo, aunque no estuvo acompañado de colaboración judicial o policial efectiva. Su distanciamiento de ETA evidenció una capacidad de autocrítica poco habitual en un entorno donde la lealtad ideológica solía ser incuestionable.

El arrepentimiento que manifestó públicamente, aunque limitado en términos prácticos, indica una ruptura emocional significativa con su pasado militante, mostrando una evolución personal orientada a rechazar la violencia como método de acción política.

Impacto y repercusión

La desvinculación de Carmen Guisasola de ETA tuvo un impacto simbólico en la percepción pública sobre la posibilidad de reinserción de ex-militantes. Aunque no colaboró activamente con las autoridades ni facilitó información operativa, su posicionamiento crítico hacia ETA contribuyó a visibilizar las fracturas internas y el desgaste moral dentro de la organización terrorista.

Su historia ofrece un testimonio de las tensiones y dilemas éticos que enfrentaron algunos miembros de ETA en su etapa final, y sirve como ejemplo de que, incluso sin una colaboración activa con las fuerzas de seguridad, era posible una ruptura ideológica con el terrorismo.

11. Elena Beloki Resa ("Karla" y "Ziordia")

Historia

Nacida en Areta Laudio-LLodio (Álava) en 1961, Elena Beloki Resa fue pareja sentimental del dirigente de ETA Santiago Arrospide Sarasola "Santi Potros" quién la introdujo en ETA en los años 80. Es conocida por su impresionante habilidad para ascender en las jerarquías de poder dentro de ETA, desempeñó un papel crucial durante una de las fases más turbulentas de la organización terrorista. Su ascenso coincidió con un periodo de reestructuración interna y de intensificación de la lucha armada, en el que ETA buscaba revitalizar su impacto y adaptarse a los crecientes desafíos de seguridad. Beloki, con su visión estratégica y su firme liderazgo, fue instrumental en la planificación y ejecución de algunas de las campañas más audaces de ETA, lo que incluyó ataques que marcaron la historia del conflicto vasco. Su capacidad para navegar por las complejas dinámicas internas de la organización terrorista, junto con su habilidad para formular y ajustar tácticas operativas, la posicionó como una de las líderes más influyentes y respetadas dentro de la estructura de ETA. Fue detenida en enero de 1989 junto al dirigente de ETA Antonio Urrutikoetxea Bengoetxea.

Análisis de trayectoria

Elena Beloki Resa no solo se destacaba por su liderazgo y habilidades estratégicas, sino también por una personalidad magnética que inspiraba lealtad y respeto entre sus compañeros. Su dominio de la política interna de ETA y su capacidad para articular y defender los objetivos de la organización terrorista la convirtieron en una figura clave en la toma de decisiones. Beloki combinaba una inteligencia aguda con una resolución inquebrantable, características que le permitían enfrentar y superar los retos inherentes a una vida clandestina y en constante peligro. Además, su capacidad para pensar críticamente y adaptarse rápidamente a situaciones cambiantes era fundamental para su éxito en roles de alta responsabilidad.

Impacto y repercusión

El impacto de Elena Beloki Resa en ETA y en el panorama del conflicto vasco es profundo y multifacético. Como líder, no solo influyó en las operaciones y estrategias de la organización terrorista, sino que también ayudó a definir la dirección ideológica y política de ETA en un momento crítico de su historia. Beloki desafió las expectativas tradicionales de género dentro de un entorno extremadamente patriarcal y militarizado, mostrando que las mujeres no solo podían participar en la lucha armada, sino que podían liderarla y darle forma.

Su legado es un testimonio de la capacidad de las mujeres para ocupar y excelentemente desempeñar roles de liderazgo en contextos de alta presión y riesgo, ofreciendo una perspectiva valiosa sobre el papel del género en los movimientos radicales y militantes. La influencia de Beloki continúa siendo un punto de referencia en estudios sobre terrorismo, género y liderazgo, subrayando cómo su liderazgo transformó no solo la estructura interna de ETA, sino también la percepción externa de la organización terrorista.

12. Josefa Ernaga Esnoz, ("Joxepa" y "Loli")

Historia

Nacida en Navarra en 1951, Josefa Ernaga Esnoz se unió a ETA en un momento en que la organización terrorista buscaba expandir tanto su alcance operativo como su influencia ideológica. Rápidamente se distinguió no solo por su participación en operaciones tácticas, sino también por su capacidad excepcional para la comunicación y la política. Ernaga se convirtió en una voz clave dentro de ETA, responsable de articular la justificación de sus acciones y de difundir su mensaje a un público más amplio, tanto a nivel nacional como internacional.

Su trabajo fue esencial para construir la narrativa de ETA, buscando ganar apoyo y simpatía entre sectores de la sociedad vasca y grupos internacionales simpatizantes de la causa vasca. A través de sus habilidades de comunicación, Ernaga ayudó a transformar la imagen pública de ETA de un grupo insurgente a un movimiento de liberación nacional en la percepción de sus seguidores.

Análisis de trayectoria

Josefa Ernaga destacaba por su carisma y su capacidad para comunicar de manera efectiva y persuasiva los ideales de ETA. Su firmeza ideológica y su profundo compromiso con la causa se reflejaban en cada mensaje y discurso, haciendo de ella una figura inspiradora para sus compañeros y seguidores. Ernaga poseía una notable inteligencia emocional, lo que le permitía entender y manipular la dinámica de grupo para fortalecer la cohesión interna y la moral de la banda terrorista ETA.

Su tenacidad y su habilidad para mantener la calma bajo presión eran cualidades que la hacían extremadamente eficaz en negociaciones y en la gestión de crisis, tanto internas como externas. En el momento de su detención, en septiembre de 1987, formaba parte del comando "Barcelona", responsable del atentado de Hipercor.

Impacto y repercusión

El legado de Josefa Ernaga es considerable, ya que jugó un papel crucial en la sustentación ideológica y operativa de ETA durante períodos críticos. Su habilidad para comunicar efectivamente los objetivos de ETA ayudó a la organización terrorista a mantener una base de apoyo durante tiempos de intensa represión y desafíos operativos. Además, su capacidad para argumentar el caso de ETA ante la comunidad internacional contribuyó a un reconocimiento más amplio de la lucha del grupo, lo que a veces resultaba en apoyo externo tanto político como material. Ernaga no solo ayudó a definir la estrategia comunicativa de ETA, sino que también influyó en la forma en que el conflicto vasco fue percibido y entendido por externos.

Su influencia continúa siendo un punto de referencia en los estudios sobre propaganda y comunicación en movimientos insurgentes, y su enfoque ha sido analizado por académicos y expertos en seguridad para entender mejor cómo los grupos armados utilizan la comunicación para avanzar en sus objetivos.

13. María Aranzazu Garbayo Ruiz ("Arantza" y "Gafis")

Historia

Nacida en Bilbao (Vizcaya) en 1963, Arantza Garbayo Ruiz formó parte del entramado logístico de ETA en una etapa en la que la organización terrorista enfrentaba crecientes desafíos operativos y de seguridad. Desempeñó tareas de apoyo, centradas en facilitar la movilidad y el aprovisionamiento de los comandos, contribuyendo a mantener la infraestructura básica necesaria para la actividad clandestina. En el momento de su detención en julio de 1996 formaba parte del comando "Galicia".

Aunque su participación directa en atentados o acciones armadas no está documentada de forma exhaustiva, su implicación en labores de logística refleja la importancia de los roles auxiliares en el sostenimiento operativo de ETA. No obstante, los detalles específicos sobre su grado de responsabilidad o su nivel de implicación en la planificación de operaciones permanecen limitados y fragmentarios.

Análisis de trayectoria

El perfil de Arantza Garbayo se enmarca dentro de los miembros de ETA que asumieron funciones esenciales, pero poco visibles, relacionadas con la logística y el apoyo operativo. Su participación exigía discreción, meticulosidad y capacidad para desenvolverse en un entorno de alta clandestinidad.

Aunque no se dispone de información suficiente para evaluar en profundidad su perfil psicológico o su grado de influencia dentro de la organización terrorista, su permanencia en tareas logísticas sugiere una personalidad orientada a la eficacia operativa y a la disciplina interna.

Impacto y repercusión

La contribución de Arantza Garbayo a ETA se sitúa en el ámbito de la logística, un aspecto fundamental para la operatividad de cualquier organización clandestina. Su papel refleja cómo las funciones de apoyo, aunque menos visibles que las acciones armadas, fueron esenciales para la continuidad de ETA en un entorno de creciente presión policial.

El ejemplo de Garbayo evidencia que las mujeres en ETA no se limitaron exclusivamente a tareas de combate o propaganda, sino que también participaron en áreas logísticas clave, contribuyendo de forma silenciosa pero necesaria al funcionamiento interno de la organización terrorista. Sin embargo, la falta de información detallada sobre su trayectoria concreta obliga a mantener la cautela al valorar el alcance real de su impacto.

14. Ainhoa Mujika Goñi ("Olga")

Historia

Ainhoa Mujika Goñi, nacida en Motrico (Guipúzcoa) en 1972, fue una destacada militante de ETA, conocida por su alias "Olatz". Se integró en ETA en 1995, formando parte del comando Buru Ahuste, que operó en Madrid entre 1995 y 2001. Este comando estuvo implicado en varios atentados, incluyendo el asesinato del expresidente del Tribunal Constitucional Francisco Tomás y Valiente en 1996 y del magistrado del Tribunal Supremo Rafael Martínez Emperador en 1997.

Tras la tregua de 1998, Mujika colaboró en la reestructuración operativa de varios comandos y en el fortalecimiento de la actividad terrorista de ETA. En 2001, ordenó al comando Xoxua perpetrar un atentado con coche bomba en la Torre de Logroño, que causó importantes daños materiales.

Fue detenida en Francia en septiembre de 2002 y entregada a las autoridades españolas en 2007. En 2009, la Audiencia Nacional la condenó a 18 años de prisión por un delito de estragos terroristas.

Análisis de trayectoria

Mujika desempeñó un papel clave en la estructura operativa de ETA, ascendiendo hasta asumir funciones de dirección y responsabilidad respecto de diversos comandos. Su implicación en atentados de alto perfil y su participación en la reorganización de la estrategia operativa de la banda evidencian su influencia dentro de la organización terrorista.

Su perfil refleja una combinación de compromiso ideológico y habilidades organizativas, que le permitieron coordinar acciones complejas y mantener la operatividad de los comandos bajo su supervisión.

Impacto y repercusión

La trayectoria de Mujika destaca por su participación en atentados que marcaron profundamente la historia del terrorismo en España. Su papel en la dirección operativa de ETA durante años clave subraya la capacidad de las mujeres para asumir responsabilidades de alto nivel en organizaciones armadas.

Su detención y posterior condena representaron un golpe significativo para la estructura de ETA, debilitando su capacidad operativa y contribuyendo al proceso de desarticulación de la banda.

15. Leire López Zurutuza ("Jare")

Historia

Nacida en Beasain (Guipúzcoa) en 1977, Leire López Zurutuza fue una militante de ETA que asumió funciones de liderazgo en el aparato militar de ETA hacia 2008, en un periodo crítico de debilitamiento operativo de la banda. Su nombramiento respondió a la necesidad de la organización terrorista de mantener su estructura pese a las sucesivas detenciones de altos mandos.

El 17 de noviembre de 2008, López Zurutuza fue detenida en Cauterets (Francia) junto a su pareja sentimental Mikel Garikoitz Aspiazu, alias "Txeroki", considerado entonces jefe del aparato militar de ETA. Ambos fueron arrestados en una operación conjunta entre las policías francesa y española. Tras su detención, fue enviada a prisión por asociación de malhechores y otros cargos relacionados con su actividad en la banda terrorista ETA.

Análisis de trayectoria

López Zurutuza desempeñó un papel relevante en la estructura operativa de ETA durante una etapa de declive para la banda terrorista ETA. Su implicación en la coordinación de actividades y su cercanía a la cúpula dirigente reflejan su importancia dentro de la jerarquía de la banda.

Su perfil se caracteriza por una combinación de compromiso ideológico y habilidades organizativas, que le permitieron asumir responsabilidades significativas en un contexto de creciente presión policial y judicial.

Impacto y repercusión

La detención de López Zurutuza, junto a la de "Txeroki", representó un golpe importante para la estructura de ETA, debilitando su capacidad operativa y contribuyendo al proceso de desarticulación de la banda.

Su trayectoria evidencia la participación activa de mujeres en roles de liderazgo dentro de organizaciones armadas, desafiando estereotipos de género y mostrando la amplitud de su contribución al funcionamiento de ETA.

16. Ainhoa Ozaeta Mendicute ("Kuraia")

Historia

Nacida en Andoain (Guipúzcoa) en octubre de 1974, Ainhoa Ozaeta comenzó su actividad política en 1996 en diversas organizaciones de la Izquierda Abertzale. En 2001 pasó a formar parte de la Mesa Nacional de Batasuna, lo que marcó su consolidación como figura relevante dentro del entramado político vinculado al independentismo radical vasco.

En 2006, en pleno proceso de negociación entre ETA y el Gobierno español, fue la encargada de leer la declaración de la organización en la que se anunciaba un "alto el fuego", lo que reflejaba su peso dentro de la cúpula dirigente.

Posteriormente, asumió la jefatura del aparato político de ETA y, antes de su detención en Francia en mayo de 2008, desempeñaba funciones clave: la gestión financiera del "impuesto revolucionario" y la coordinación del aparato de falsificación de documentos.

Fue arrestada en una operación conjunta hispano-francesa, y en el juicio celebrado en Francia, el fiscal Jean-François Ricard justificó la dureza de la acusación por el "extremismo absoluto" que mantenía como miembro activo de ETA y por no mostrar "la menor evolución" en sus planteamientos ideológicos.

Análisis de trayectoria

Ozaeta representa el paso directo de las estructuras políticas de la Izquierda Abertzale a la cúpula de ETA, consolidando un perfil híbrido entre dirigente política y cuadro operativo. Su control de áreas financieras y logísticas, unido a su papel como portavoz en momentos estratégicos, muestra su relevancia en la articulación del discurso político de la banda y en el sostenimiento de su infraestructura clandestina.

Su liderazgo en el aparato político confirma la capacidad de algunas mujeres dentro de ETA para alcanzar posiciones de mando en ámbitos tradicionalmente dominados por hombres, aportando habilidades de gestión, comunicación y control organizativo.

Impacto y repercusión

Su detención en 2008 supuso un golpe significativo para el aparato político de ETA, debilitando la coordinación entre las estructuras internas y la Izquierda Abertzale. El hecho de que hubiera ocupado roles de alta dirección en momentos de negociación y conflicto subraya la relevancia de su figura dentro de la historia reciente de la organización terrorista.

* * *

En conclusión, estos perfiles permiten entender cómo las mujeres, en diferentes niveles y contextos, participaron en ETA no solo como ejecutoras, sino también como líderes y figuras simbólicas. Sus trayectorias reflejan tanto la diversidad de experiencias como las limitaciones impuestas por la estructura patriarcal de la banda terrorista ETA.

La historia de las mujeres en ETA es un espejo de las contradicciones inherentes a cualquier lucha por el poder en contextos de violencia. Aunque algunas de ellas lograron romper con las normas de género impuestas por la sociedad de su tiempo, su participación a menudo quedó condicionada por la jerarquía patriarcal de ETA.

Este análisis no solo contribuye a una comprensión más rica y matizada de ETA, sino que también invita a reflexionar sobre el papel de las mujeres en la violencia política y los procesos de paz. A medida que la sociedad avanza, la inclusión de estas historias en contextos educativos y académicos es fundamental para entender las dinámicas de género en la historia reciente de España.

Rompiendo Estereotipos: El Perfil del Terrorismo Femenino en ETA

El análisis del perfil terrorista femenino dentro de organizaciones armadas como ETA revela características comunes y patrones conductuales que ofrecen una comprensión más profunda de su rol en el terrorismo. Aunque minoritarias en número, estas mujeres asumieron funciones relevantes en distintos niveles operativos, logísticos y estratégicos, integrándose en estructuras tradicionalmente masculinas y desafiando el reparto clásico de roles dentro de la organización terrorista.

1. Características Demográficas

- *Edad de incorporación*

  La mayoría de las mujeres se unieron a las filas de organizaciones terroristas entre los 20 y los 30 años, una etapa marcada por la búsqueda de identidad personal y social. En esta etapa, las influencias del entorno político, cultural y familiar juegan un papel crucial en su radicalización.

- *Nivel educativo*

  El nivel educativo de las mujeres en ETA reflejaba más las dinámicas sociales y educativas de cada época que una diferenciación específica por género. En las primeras generaciones, tanto hombres como mujeres que se incorporaron a ETA tendían a tener niveles formativos relativamente elevados, en sintonía con el contexto sociopolítico de los años 60 y 70. Sin embargo, a medida que avanzaban las décadas y el perfil de los militantes se diversificaba, se observó una tendencia generalizada a la disminución del nivel académico, afectando de manera similar a ambos sexos. Por lo tanto, aunque algunas mujeres de ETA contaban con formación técnica o universitaria, ello no representa una característica diferencial respecto a sus compañeros varones, ni implica un nivel de instrucción sistemáticamente superior a la media nacional en el conjunto del colectivo.

- *Procedencia geográfica*

  Predominan las mujeres provenientes de áreas rurales o pequeñas localidades urbanas, donde la identidad cultural y los valores tradicionales tienen un peso significativo, facilitando la radicalización en contextos de conflicto.

2. Motivaciones

- *Ideológicas*

  La convicción en la defensa de una causa política, como la independencia territorial o el cambio del orden establecido, es uno de los factores más comunes. Estas mujeres internalizan los objetivos de la organización terrorista como un deber personal y colectivo.

- *Sociales*

  Muchas encuentran en el terrorismo un sentido de pertenencia y propósito, reforzado por las redes sociales y culturales que validan su militancia.

- *Personales*

  En algunos casos, la incorporación puede estar influenciada por relaciones familiares o sentimentales, aunque estas razones no restan importancia a su compromiso ideológico.

3. **Roles Desempeñados**

- *Operativas*

  Participan activamente en atentados y acciones violentas, demostrando implicación directa, firmeza en sus acciones y aceptación del riesgo asociado a su militancia.

- *Líderes y Logística*

  En roles estratégicos, estas mujeres gestionan áreas clave como finanzas, planificación y coordinación operativa, lo que requiere capacidad de gestión, control y toma de decisiones en entornos de alta exigencia.

- *Enlace y Comunicación*

  Actúan como intermediarias, facilitando la cohesión entre distintas estructuras de la organización terrorista, incluidos los presos y la dirección.

- *Críticas y Desertoras*

  Algunas mujeres, tras años de militancia, cuestionan la legitimidad de la violencia y buscan desvincularse, enfrentándose a represalias internas y conflictos personales.

4. **Aspectos Conductuales y Funcionales**

- *Capacidad de adaptación*

  Demuestran una notable resistencia operativa en contextos de presión extrema, incluyendo la clandestinidad y el encarcelamiento.

- *Determinación*

  Su compromiso con la causa y su disposición a sacrificar aspectos personales evidencian un grado elevado de implicación ideológica y firmeza operativa.

- *Introspección*

  Algunas desarrollan procesos reflexivos que las llevan a cuestionar la violencia y buscar alternativas, mostrando una disposición a revisar críticamente sus trayectorias pasadas.

- *Coordinación estratégica*

  En roles estratégicos, muchas mujeres destacan por su intervención activa en la gestión de recursos, personas y operativos dentro de la organización terrorista.

5. Impacto y Repercusión

- *Contribución Estratégica*

  A pesar de su menor representación numérica, su participación ha sido esencial en la logística, la planificación de operaciones y el desempeño de funciones clave dentro de la estructura organizativa.

- *Transformación de Roles*

  Estas mujeres ocuparon posiciones operativas en un entorno históricamente masculino, cuestionando el reparto tradicional de funciones y ampliando la comprensión del papel del género en entornos violentos.

- *Memoria y Reflexión Social*

  La presencia de mujeres en el terrorismo plantea preguntas complejas sobre su papel en la violencia política y los posibles procesos de distanciamiento y revisión crítica de sus trayectorias.

En conclusión, el perfil del terrorista femenino se caracteriza por una combinación de implicación ideológica, funciones operativas complejas y capacidad para desenvolverse en contextos hostiles. Su participación excede los roles de apoyo tradicionalmente asignados, evidenciando su intervención en niveles relevantes de decisión. Este perfil refleja las tensiones entre militancia, identidad de género y dinámicas internas de organizaciones armadas, ofreciendo elementos clave para una comprensión más completa del fenómeno terrorista.

A partir de esta caracterización general, resulta pertinente examinar cómo dichas mujeres concretaron su participación dentro de la estructura de ETA. A lo largo de la historia de la organización terrorista, las militantes asumieron roles diversos, que reflejan tanto su capacidad de adaptación como la evolución estratégica de la banda.

Estos roles pueden clasificarse en distintas categorías que muestran la amplitud de su implicación, desde el liderazgo y la logística hasta la participación operativa, la comunicación o la disidencia interna.

1. Líderes y Responsables de Logística y Operativa

Este grupo incluye a mujeres que ocuparon posiciones estratégicas dentro de la estructura organizativa de ETA, encargadas de gestionar áreas clave como logística, planificación operativa y dirección de comandos:

- **María Soledad Iparraguirre Guenechea ("Anboto")**: Se destacó por su liderazgo en la coordinación de finanzas y logística, jugando un papel crucial en el funcionamiento interno de la banda terrorista ETA.
- **Arantza Garbayo Ruiz ("Arantza" y "Gafis")**: Desempeñó tareas logísticas de apoyo en el seno de la organización terrorista, aunque su participación directa en atentados no está documentada de forma exhaustiva.
- **Izaskun Lesaka Argüelles ("Ane")**: Desempeñó funciones de coordinación en el aparato logístico-militar de ETA, contribuyendo al sostenimiento de su infraestructura clandestina.
- **Ainhoa Mujika Goñi ("Olga")**: Asumió la dirección del aparato militar en 2002, liderando la reorganización de comandos en un contexto de elevada presión policial.
- **Leire López Zurutuza ("Jare")**: Participó en el liderazgo operativo en 2008, en una etapa de debilitamiento y progresiva desarticulación de la organización terrorista.

2. Integrantes Activas en Atentados

Estas mujeres participaron directamente en operaciones armadas, evidenciando una implicación directa en acciones violentas de gran impacto:

- **Idoia López Riaño ("La Tigresa"** y **"Margarita")**: Notoria por su participación en numerosos atentados, incluido el devastador ataque en la Plaza de la República Dominicana.
- **Ainhoa García Montero ("Laia")**: Militante destacada del aparato militar, implicada en varias acciones armadas significativas.
- **Natividad Jáuregui Espina ("Pepona"** y **"Jaione")**: Conocida por su involucramiento en el asesinato de altos cargos militares, marcando profundamente su legado dentro de la organización terrorista.

3. Negociadoras y Dirigentes en la Fase Final de ETA

Algunas mujeres asumieron funciones estratégicas vinculadas a contactos y dinámicas políticas durante los últimos años de actividad de ETA:

- **Iratxe Sorzabal Díaz ("Ezpela")**: Como dirigente en la etapa final de ETA, jugó un rol crucial en los procesos de diálogo con el Gobierno español, mostrando competencias relevantes en la gestión política interna.

4. Desertoras y Críticas Internas

Este grupo refleja a las mujeres que, a pesar de sus fuertes convicciones ideológicas iniciales, optaron por abandonar ETA, enfrentando graves represalias y conflictos internos:

- **María Dolores González Catarain ("Yoyes")**: Líder que cuestionó los métodos violentos de ETA y buscó reintegrarse en la sociedad; su asesinato tras abandonar la organización terrorista la convirtió en símbolo de las dificultades y peligros de romper con el terrorismo.

Estas categorías no solo evidencian la diversidad de roles desempeñados por las mujeres dentro de ETA, sino también cómo estas han influido y transformado la posición de las mujeres en contextos de militancia armada. Cada perfil refleja un aspecto único de la lucha y el legado de ETA, mostrando tanto la participación activa y estrategia como las complejidades y desafíos personales enfrentados por estas mujeres.

Esta segmentación ilustra la diversidad de funciones que las mujeres desempeñaron en ETA, evidenciando tanto su contribución operativa como las complejidades organizativas de su militancia. Este análisis contribuye a comprender cómo las mujeres asumieron funciones más allá de los estereotipos tradicionales, enfrentando a su vez las limitaciones de una estructura jerárquica y patriarcal.

El objetivo de este capítulo ha sido analizar la trayectoria de las 16 mujeres más relevantes en ETA, consideradas representativas para un análisis significativo de su participación. No obstante, se reconoce que la naturaleza clandestina de la organización terrorista dificulta establecer con exactitud el alcance de la implicación femenina en su conjunto. Para ofrecer una visión más estructurada del análisis, a continuación, se presenta una clasificación de las 16 mujeres más relevantes en la trayectoria de ETA.

La tabla 1 recoge sus nombres, alias principales y el rol predominante que desempeñaron dentro de la banda terrorista. Complementariamente, el gráfico 1 ilustra de forma visual la distribución de estos perfiles según sus áreas de implicación, evidenciando la diversidad de funciones asumidas y su evolución a lo largo del tiempo.

Tabla 1. Listado de nombres, alias principales y rol predominante

Nº	Nombre completo	Alias	Categoría principal asignada
1	Idoia López Riaño	"Margarita" o "La Tigresa"	Integrantes activas en atentados
2	María Soledad Iparraguirre Guenechea	"Anboto"	Líderes y responsables
3	Belén González Peñalba	"Carmen"	Estructura organizativa y negociadora en Argel
4	Iratxe Sorzábal Díaz	"Ezpela"	Negociadoras y dirigentes en la fase final
5	Izaskun Lesaka Argüelles	"Ane"	Líderes y responsables / negociadora en la fase final
6	Ainhoa García Montero	"Laia"	Integrantes activas en atentados
7	Natividad Jáuregui Espina	"Pepona" y "Jaione"	Integrantes activas en atentados
8	María Dolores González Catarain	"Yoyes"	Desertoras y críticas internas
9	Mercedes Galdós Arzuaga	"La Monja"	Área logística
10	Carmen Guisasola Solozabal	"La Gorda"	Integrantes activas / posterior desvinculación
11	Elena Beloki Resa	"Karla" y "Ziordia"	Área logística y política
12	Josefa Ernaga Esnoz	"Joxepa" y "Loli"	Integrantes activas en atentados (caso Miguel Ángel Blanco)
13	María Aranzazu Garbayo Ruiz	"Arantza" y "Gafis"	Líderes y responsables
14	Ainhoa Mujika Goñi	"Olga"	Líderes y responsables
15	Leire López Zurutuza	"Jarc"	Líderes y responsables
16	Ainhoa Ozaeta Mendicute	"Kuraia"	Área política

Sexualidad, subordinación y poder: mujeres utilizadas, mujeres asesinas

La presencia femenina en ETA ha sido históricamente interpretada como un signo de modernización o de ruptura de estereotipos en el ámbito de la violencia política. Sin embargo, al observar de cerca la trayectoria de muchas de estas mujeres, se revela una realidad compleja en la que los patrones de subordinación patriarcal no solo persistieron, sino que en ocasiones se intensificaron.

Durante años, en los comandos operativos y logísticos de ETA, muchas mujeres fueron integradas no por su capacitación técnica o ideológica, sino por su vinculación sentimental o sexual con miembros ya consolidados de la organización terrorista. En algunos entornos, se las "compartía" o se normalizaban dinámicas de dominio sexual que reforzaban el control interno y el poder de los varones. La clandestinidad y el hermetismo favorecieron estas prácticas, en las que el cuerpo de la mujer era funcional al sostenimiento de la cohesión del grupo.

Algunas militantes ascendieron posteriormente a posiciones de liderazgo o coordinación. Pero ese ascenso, en no pocos casos, estuvo vinculado a relaciones personales con figuras clave del aparato militar o político. El poder se distribuía con un sesgo sexual evidente: quien accedía al jefe, accedía al centro de decisiones.

Casos documentados lo evidencian:

- **Mercedes Chivite Berango ("Sara" o "Mertxe),** compañera sentimental de **Félix Alberto López de la Calle Gauna** (**"*Mobutu*"**), jefe del aparato de logística de ETA.
- **María Soledad Iparraguirre ("Anboto")** fue pareja de **Mikel Albisu Iriarte** (**"Mikel Antza")**, líder del aparato político. Ambos tenían un hijo y fueron detenidos juntos en Francia.
- **Izaskun Lesaka Argüelles ("Ane")** fue arrestada junto a su pareja **Joseba Iturbe Otxoteka**, integrante del entramado logístico.
- **Ainhoa García Montero ("Laia")** compartía militancia y vida con **Ibon Fernández Iradi ("Susper")**, uno de los jefes del aparato militar.
- **Ainhoa Mujika Goñi ("Olga")** mantenía una relación con **Juan Antonio Olarra Guridi**, (**"Juanvi**") ex número uno militar.

- **Iratxe Sorzabal Díaz ("Ezpela"),** pareja sentimental del (jefe del aparato militar de ETA, Mikel Kabikoitz Karrera Sarobe (**"Ata"**).
- **Leire López Zurutuza ("Jare")** fue arrestada con **Mikel Garikoitz Aspiazu Rubina ("Txeroki")**, jefe máximo del aparato militar en ese momento.
- **Idoia López Riaño ("La Tigresa" y "Margarita")**, autora de 23 asesinatos, tuvo varias relaciones con militantes de peso y contrajo matrimonio en prisión con dos de ellos.
- **Elena Beloki Resa**, dirigente del aparato internacional de ETA. Su primera pareja fue **Juan María Olano**, ex-dirigente de Gestoras Pro Amnistía (GGAA), despúes se la detuvo junto a "**Josu Ternera**" en 1989 con quién también se la relacionó. El dirigente de ETA **Santiago Arrospide Sarasola** fue otra de sus parejas y quién la introdujo en ETA.

Estos vínculos afectivos no las convierten en víctimas. Al contrario, muchas de estas mujeres participaron activamente en atentados, coordinaciones logísticas, asesinatos selectivos y extorsiones. No fueron manipuladas ni inocentes: fueron agentes activos del terror, plenamente conscientes de sus actos, motivaciones y consecuencias.

La instrumentalización sexual no exime la sangre. Que algunas entraran como "compañeras de" o fueran tratadas como objetos no borra su posterior implicación en estructuras criminales, ni el daño irreparable causado.

ETA fue una organización machista que usó a las mujeres, pero también fue una maquinaria de muerte en la que ellas, en muchos casos, se sumaron voluntariamente al disparo, a la bomba y al silencio.

Hablar de subordinación sexual no es justificar su implicación, sino comprender cómo el patriarcado puede coexistir con el crimen, sin que una cosa cancele la otra. Estas mujeres fueron utilizadas, sí, pero también fueron verdugos. Y es precisamente esa doble condición la que debe ser analizada sin romantización ni condescendencia.

Más allá del liderazgo: las mujeres menos visibles en la estructura de ETA

Además de las figuras femeninas más reconocidas que ocuparon puestos de liderazgo, ejecutoras o negociadoras en ETA, resulta esencial subrayar la existencia de un conjunto de mujeres cuya implicación, aunque menos mediática, fue igualmente significativa en áreas estratégicas como la logística, la documentación, las finanzas y las operaciones de apoyo. Esta dimensión menos visible ha sido rescatada en fuentes como el libro *Historia de un desafío* (Sánchez Corbí & Simón, 2017), que aporta ejemplos concretos de mujeres con funciones relevantes dentro de la estructura clandestina de ETA.

Entre estas figuras destacan:

- **Cristina Goiricelaya González** y **Ana María Alberdi Zubirrementería**, vinculadas al aparato financiero de la organización terrorista, conocidas por su papel dentro del departamento GEZI, encargado de la gestión del denominado "impuesto revolucionario".
- **Ekhiñe Eizaguirre Zubiaurre** y **Oihana San Vicente Sáez de Ceraín**, implicadas en actividades operativas en Francia, relacionadas con la falsificación de documentación y la logística de seguridad.
- **Mercedes Chivite Berango**, compañera sentimental de un responsable logístico, que colaboró en actividades de apoyo estructural a la clandestinidad de la banda.
- Las **portavoces** del último vídeo de ETA el 20.10.11 donde se anuncia el cese definitivo de la actividad armada, Iratxe Díaz Sorzábal e Izaskun Lesaka Arguelles (2011), simbolizan la visibilización pública de la implicación femenina en la narrativa final de la organización terrorista.

Estas mujeres, a menudo ocultas bajo identidades falsas y nombres en clave, operaban en la clandestinidad como piezas esenciales para la continuidad operativa de ETA. Su papel revela una estrategia deliberada que combinaba invisibilidad, eficiencia y compromiso ideológico, rompiendo el imaginario de una militancia exclusivamente masculina o visible.

Incorporar estos perfiles menos conocidos permite profundizar en el entendimiento de las redes femeninas dentro de ETA, visibilizando su impacto desde roles técnicos, financieros o simbólicos.

Asimismo, amplía el foco de análisis hacia una representación más realista y transversal de la implicación femenina en la violencia política, más allá de los nombres que han ocupado los titulares o los sumarios judiciales más notorios.

Este análisis complementario evidencia que la participación femenina en ETA no se limitó a los perfiles más notorios, sino que se extendió también a funciones esenciales pero discretas, imprescindibles para el sostenimiento de la organización terrorista. Esta perspectiva más amplia permite cerrar el capítulo con una visión global del impacto y la diversidad de la militancia femenina en el terrorismo vasco.

Conclusión

La inclusión de mujeres en ETA no representó una anomalía inocente en una lucha tradicionalmente dominada por hombres, sino que evidenció las tensiones internas de una organización terrorista que, pese a su retórica política, se sostuvo sobre la violencia sistemática y el terror. Este capítulo ha analizado cómo, aunque en número menor, las mujeres desempeñaron roles fundamentales en la estructura y operatividad de ETA, asumiendo tareas de liderazgo, ejecución armada y apoyo logístico para sostener su maquinaria criminal.

Los perfiles individuales analizados demuestran que la participación femenina no fue circunstancial ni pasiva: estas mujeres fueron protagonistas conscientes de una estrategia de terror, ejecutoras de atentados, colaboradoras activas en secuestros, asesinatos y extorsiones, y piezas clave en la infraestructura de la organización terrorista. Su militancia en ETA no solo rompió con estereotipos de género, sino que contribuyó de manera directa a la perpetuación de la violencia y el sufrimiento en España.

La cronología de su actuación y los estudios comparativos con otras organizaciones terroristas subrayan que la visibilidad de la mujer en ETA no responde a un avance en derechos o igualdad, sino a su integración plena en una lógica de guerra sucia y de exterminio ideológico. Los testimonios y las narrativas de medios de comunicación muestran a estas mujeres no como víctimas de las circunstancias, sino como agentes activas de su propia radicalización y de sus crímenes.

Desde una perspectiva crítica, el caso de las mujeres en ETA obliga a recordar que el género no exime de responsabilidad penal ni moral. Su participación en asesinatos, atentados y extorsiones demuestra que el fanatismo y el crimen no tienen sexo, y que la implicación femenina en la violencia armada debe ser juzgada con la misma severidad que la masculina. Este capítulo no pretende clausurar el debate, sino reivindicar una memoria justa, que no dulcifique ni blanquee las acciones de quienes sembraron el terror. Analizar la participación femenina en ETA es también un acto de respeto a las víctimas y de compromiso con la verdad histórica, frente a toda tentación de tergiversación ideológica.

El papel de las mujeres en ETA no puede entenderse como una mera nota al pie del terrorismo en España. Su implicación fue real, directa y en muchos casos decisiva para la supervivencia de la banda terrorista. Algunas participaron en atentados, planificaron acciones, ejercieron liderazgo y se convirtieron en piezas clave de la maquinaria del terror. Reconocer esta realidad no es otorgarles protagonismo, sino evitar que la historia se distorsione minimizando su responsabilidad. Frente a ellas, otras mujeres, las que integraron las Fuerzas y Cuerpos de Seguridad del Estado, se enfrentaron a la amenaza terrorista con determinación, muchas veces en silencio y en condiciones extremadamente adversas. Este contraste debe quedar grabado en la memoria colectiva: mientras unas segaban vidas, otras lo arriesgaron todo por protegerlas.

"Las mujeres de ETA no rompieron techos de cristal:
rompieron vidas"

Bibliografía

Alonso, R. (2005). *Matar por Irlanda: El IRA y la lucha armada.* Barcelona: Ariel.

Alonso, R. (2010). *La razón desarmada: ETA y la derrota de la violencia.* Madrid: Alianza Editorial.

Antolín, M. (2002). *Mujeres de ETA: piel de serpiente.* Madrid: Temas de Hoy.

Calleja, J. M. (2003). *La diáspora vasca: ETA y los vascos en el mundo.* Madrid: Debate.

Domínguez, F. (2009). *ETA en sus documentos.* Madrid: Tecnos.

Domínguez, F. (2012). *ETA: La historia no contada. El papel de las mujeres en la organización.* Madrid: Tecnos.

Elorza, A. (2006). *La historia de ETA.* Madrid: Temas de Hoy.

Pando Canteli, M. J., & Rodríguez Pérez, M. P. (2020). *Las mujeres de ETA: activismo y transgresión. Arbor,* 196(796), a554. https://doi.org/10.3989/arbor.2020.796n2007

Sánchez Corbí, M., & Simón, M. (2017). *Historia de un desafío: Cinco décadas de lucha sin cuartel de la Guardia Civil contra ETA.* Barcelona: Península.

Fuentes documentales e institucionales

Centro Memorial de las Víctimas del Terrorismo. Fondos documentales y testimoniales sobre ETA.

Jurisprudencia del Consejo General del Poder Judicial en materia de terrorismo (CENDOJ).

Ministerio del Interior de España. Informes y estadísticas sobre terrorismo.

Fuentes periodísticas

Artículos y reportajes publicados en *El País, El Mundo, La Vanguardia* y *RTVE* sobre militantes femeninas de ETA.

CAPÍTULO IV

EL ROL DE LA MUJER POLICÍA NACIONAL EN LA LUCHA CONTRA ETA

MARCIAL PÍRIZ DE VARGAS-MACHUCA

Introducción

Este capítulo pretende ofrecer una visión general de la presencia de la mujer en la Policía Nacional y, singularmente, de su papel en la lucha contra la organización terrorista ETA. A lo largo del mismo se expone su incorporación y recorrido en la Policía, desde el inicial desarrollo de labores de índole administrativo y gestión hasta su plena integración en unidades operativas y de inteligencia, singularmente las adscritas a la Comisaría General de Información (CGI). La actual Policía Nacional nace en 1986 con la refundición de los dos cuerpos de seguridad creados durante La Transición: el Cuerpo superior de Policía —sustituto del Cuerpo General de Policía— y la Policía Nacional —reemplazante de la Policía Armada—, ambos adscritos al Ministerio del Interior a través de la Dirección General de Seguridad del Estado, en la actualidad denominada Secretaría de Estado de Seguridad (SES).

Euskadi Ta Askatasuna (ETA) fue una organización terrorista, de matiz independentista e ideología marxista leninista, que propugnaba la utilización de la violencia como método para alcanzar sus objetivos estratégicos: la independencia de *Euskal Herria*[1] y el socialismo.

---

[1] Concepción nacionalista de una nación vasca y soberana que engloba a la Comunidad Foral de Navarra, la Comunidad Autónoma Vasca y los cantones vasco franceses de Labourd, Soule y Basse Navarre, pertenecientes al departamento de Pyrénées Atlantiques-64.

Tras un lento e imparable declinar —desde finales de los 90[2]—, la organización terrorista desapareció en la segunda década del siglo XXI[3] como consecuencia del éxito de una política antiterrorista —mantenida desde mediados de los noventa con algunos altibajos— cimentada por un constante aumento de la efectividad en la acción policial y judicial conjunta. La contribución de la mujer policía en este éxito fue muy importante y multifacética. La Policía, en sus diferentes denominaciones, hasta finales de la década de los 70 del siglo pasado era un reflejo de la realidad sociológica española donde la mujer tenía asignados determinados roles tanto en la familia como en la sociedad, la esfera laboral y el ámbito representativo e institucional.

La incorporación de la mujer representó un notable avance en la igualdad de oportunidades entre ambos sexos y supuso la aportación de nuevos talentos y enfoques que perfeccionaron la actividad policial y que coadyuvaron de manera significativa en la lucha contra la banda armada y a su neutralización definitiva. Con la plena integración de sus miembros femeninos en todas las escalas y especialidades, la Policía Nacional se ha consolidado como un referente en igualdad de género y le ha permitido mantenerse como el primer operador de seguridad pública en España. Asimismo, en este capítulo se hará referencia a dos casos emblemáticos e irrepetibles del sacrificio, valor y entereza de las profesionales de la Policía Nacional encuadradas en el servicio de información civil del Ministerio del Interior.

---

[2] El ocaso de ETA se fragua entre 2001 y 2004. En ese periodo, la CGI de la Policía Nacional y la Policía Judicial francesa descabezaron repetidamente –cuatro veces- la cúpula del Aparato Militar, responsable de ejecutar la estrategia violenta y líder absoluto de la banda armada. Desde 2004 hasta el cese de la violencia terrorista en 2011, la organización terrorista «solo» perpetró 12 asesinatos, sin duda una cifra muy inferior a las que mantuvo durante 2000 y 2001.

[3] En octubre de 2011, ETA anunció «el cese definitivo de su actividad armada» como consecuencia de su extrema debilidad operativa tras la continua desarticulación de grupos armados en España y de sus estructuras clandestinas en Francia. Finalmente, en mayo de 2018 comunicó su «autodisolución», léase su derrota.

En la confección de este texto se ha utilizado documentación bibliográfica obtenida a través de fuentes abiertas (OSINT) y elementos de análisis basados en la experiencia profesional, excluyéndose, por un lado, el empleo de material clasificado que pudiera conculcar los preceptos establecidos en la Ley de Secretos Oficiales (L 9/1968 de 5 de abril modificada por la L 48/1978, de 7 de octubre) o los Acuerdos del Consejo de Ministros de 16 de febrero de 1996 y 6 de junio de 2014 y, de otro, monografías, memorias o exposiciones realizados en el ámbito docente del Ministerio del Interior que pudieran igualmente contravenir lo estipulado en las citadas normas.

La mujer en la Policía Nacional

1. Génesis de su incorporación a la Policía Nacional

Roles administrativos

La trayectoria de la mujer en los cuerpos policiales españoles comienza en 1933 con la creación del Cuerpo Auxiliar de Oficinas —inicialmente de composición mixta— y continúa en 1942 con la convocatoria —exclusivamente para mujeres— para Auxiliares femeninos de la Dirección General de Seguridad. En 1964 fue creado el Cuerpo Especial Administrativo con el objetivo de sustraer a los miembros del Cuerpo General de Policía de las actividades burocráticas, permitiéndoles concentrarse en funciones propiamente policiales. A pesar de las limitaciones normativas —imposibilidad de acceso a institutos armados— la eclosión de nuevas tipologías delincuenciales, que requerían procedimientos investigativos alternativos a los habituales, generó una serie de demandas de índole operativa que desembocaron en el desempeño por estas mujeres de funcionalidades policiales —en las áreas de información o policía judicial—, incluso antes de la desaparición de las restricciones legales existentes. Las funcionarias de este cuerpo, además de sus tareas burocráticas, participarían en servicios policiales que su género pudiera facilitar.

Aunque en este periodo no realizaron funciones que entrañaran el uso de armas, su participación en labores operativas sentó un precedente para su plena incorporación a la vez que evidenció el pragmatismo institucional, en una época donde el rol de la mujer estaba constreñido socialmente, que priorizó la eficacia sobre las limitaciones de género preexistentes.

Actividades operativas

En 1974, la Dirección General de Seguridad —actualmente la Dirección General de la Policía—, creó el Grupo Especial Femenino como consecuencia de la creciente complejidad y volumen de los servicios policiales. El poco más de medio centenar de funcionarias administrativas o auxiliares que lo componían, provenientes de los cuerpos anteriormente citados, debían tener entre 23 y 40 años. Las funciones asignadas a este grupo supusieron un significativo avance en el rol de la mujer dentro de la institución, siempre bajo la dirección del organismo de investigación, el Cuerpo General de Policía. Para asegurar su competencia en estas tareas —investigaciones, vigilancias, registros, cacheos, etc.—, sus integrantes recibían un intensivo curso de especialización de dos meses en la Escuela General de Policía, que abarcaba diferentes materias policiales como defensa personal, derecho penal y administrativo, técnicas de vigilancia o manejo de equipos fotográficos y acústicos.

El Grupo Especial Femenino, junto con los Grupos de Orientación a Toxicómanos y Familiares —creados en 1970 tras la aparición del fenómeno de la drogadicción— supusieron el primer paso para la plena integración de la mujer en roles puramente policiales. La creación y el desempeño del Grupo Especial Femenino, al permitir a las mujeres realizar tareas policiales operativas, evidenciaron la necesidad imperiosa de eliminar los obstáculos legales, sociales y culturales que impedían el acceso pleno de la mujer a los institutos armados. Otra vez, la necesidad de profesionalización y eficacia en la lucha contra la emergente criminalidad impulsó la inclusión de personal femenino, valorando sus habilidades por encima de los prejuicios de género.

Acceso a la Policía Nacional

En consonancia con el periodo de La Transición en España, que supuso profundos cambios políticos, sociales, económicos y culturales en nuestro país, en 1977 se permitió el ingreso de la mujer, por vez primera, en un instituto de investigación y armado, el Cuerpo General de Policía. Sin lugar a dudas, esta modificación normativa —vía decreto— supuso un cambio de tendencia radical de la política de personal policial que propició una integración de la mujer acorde con la realidad de la sociedad española. El Grupo Especial Femenino fue disuelto en 1979, meses después de la incorporación de la mujer por vez primera a las Fuerzas y Cuerpos de Seguridad del Estado (FCSE). El 30 de junio de ese año accedieron a la categoría de inspectora del Cuerpo Superior de Policía —instituto civil armado que ese mismo año había sustituido al Cuerpo General de Policía— un total de 42 mujeres, tras superar un concurso oposición para el que se habían ofertado 100 plazas. Los exámenes eliminatorios, a excepción de la cuerda en las pruebas físicas, fueron iguales para ambos sexos.

En esta primera promoción con inspectoras y como reconocimiento a su labor en el Cuerpo General de Policía, las integrantes del Cuerpo Especial Administrativo y del Auxiliar de Oficinas que ya prestaban servicio en el Grupo Especial Femenino y Grupos de Orientación de Toxicómanos fueron eximidas del requisito de titulación y se les amplió el límite de edad a 40 años. Este grupo de mujeres supuso la equiparación, por vez primera, en igualdad de condiciones con los hombres en un organismo de seguridad estatal. En 1984, las mujeres se incorporaron al extinto cuerpo policial uniformado y de carácter militar —Policía Nacional—, que como se indicó anteriormente desaparecería en 1986, integrándose posteriormente en la Escala Básica del nuevo Cuerpo Nacional de Policía o Policía Nacional.

En 1986, el Ministerio del Interior decidió reestructurar las instituciones policiales españolas. Así y mediante la Ley Orgánica 2/86, de 13 de marzo, fueron unificados el Cuerpo Superior de Policía —de naturaleza civil— y el Cuerpo de Policía Nacional —desmilitarizándolo— para conformar el nuevo Cuerpo Nacional de Policía (CNP). Esta norma reguló los requisitos académicos para el acceso a la función policial de las mujeres en igualdad de condiciones que los hombres. En la primera promoción de la Escala Básica del nuevo Cuerpo Nacional de Policía, en noviembre de 1986, ingresaron 70 mujeres de 700 aspirantes, mientras que en la Escala Ejecutiva fueron 45 de 227, consolidándose la tendencia de establecer un acceso igualitario a todas las escalas y categorías.

2. *Evolución actual de la mujer en la Policía Nacional*

La presencia de la mujer en la Policía Nacional ha ido evolucionando al mismo tiempo que lo hacía en la sociedad, provocando un cambio de mentalidad en toda la organización que ha propiciado la elaboración de acertadas políticas de igualdad, en las que ha sido determinante considerar la perspectiva de género de una manera transversal en todas las áreas policiales. El resultado de esta enorme evolución ha convertido al cuerpo en una de las instituciones más modernas e innovadoras de España. Estos cambios afectan a la formación, preparación o presencia de la mujer en todas las unidades, escalas, categorías y especialidades, siendo apoyados en esta tarea por la Oficina Nacional para la Igualdad de Género —creada en 2018— incardinada en la Subdirección General del Gabinete Técnico. La presencia de la mujer en la Policía Nacional ha ido creciendo a lo largo de los años a un ritmo diferente, pasando de un inicio lento a una progresión al alza en las últimas décadas.

La presencia femenina en la Policía Nacional ha pasado de poco más del 1 % en 1991 a superar el 18 % en 2024, tras 45 años de incorporación progresiva al Cuerpo. Desde 2018 el crecimiento ha sido sostenido en todas las escalas y categorías, destacando especialmente la Escala Superior, donde las mujeres han alcanzado puestos de mayor responsabilidad, y la Escala Ejecutiva, en la que el número de inspectoras jefas se ha incrementado en un 91,3 % y el de inspectoras en un 19 %, consolidando así un avance significativo en los niveles de mando y liderazgo policial.

Como ya se ha señalado, se observa un claro incremento, año tras año, en el número de mujeres y el porcentaje que representa sobre el total de la plantilla en la Policía Nacional, resultando llamativo el hecho de que un gran número accede a la Escala Ejecutiva (categoría de inspectora). En este sentido, en la Escuela Nacional de Policía de Ávila la proporción de mujeres que acceden a las escalas básica y ejecutiva —las dos escalas que permiten la incorporación al cuerpo— aumenta año tras año. La participación de la mujer en todas las especialidades policiales y en los diferentes niveles de responsabilidad materializa uno de los objetivos clave demandados por la Red Europea de Mujeres Policía: mayor presencia femenina y con más capacidades directivas.

Aunque actualmente más de 13.000 mujeres integran la Policía Nacional, todavía se está lejos de abrazar la paridad, pero las proyecciones señalan que estas cifras pronto irán incrementándose. En algunas especialidades como Policía Científica —singularmente en los servicios centrales— o en el alumnado de la Escala Ejecutiva en la Escuela Nacional de Policía de Ávila, la proporción entre ambos sexos es similar.

La perspectiva de género en la Policía Nacional

La progresiva integración de las mujeres en la Policía Nacional impulsó una transformación de la institución y la adopción de políticas de igualdad, señalando la presencia femenina como un hito significativo en la modernización policial y la integración de una perspectiva de género transversal en todas las áreas, consolidándola como una institución innovadora y moderna en el país. Este cambio en la función policial se tradujo en una integración formal y activa de la perspectiva de género en todas las actividades, reflejando un compromiso institucional con la igualdad. Igualmente, la presencia de la mujer incrementó el aporte de talento en el seno de la institución y coadyuvó al acercamiento de la Policía Nacional a la sociedad.

El Ministerio del Interior ha implementado medidas para aumentar la presencia femenina en las fuerzas y cuerpos de seguridad del Estado, siendo una de las metas alcanzar un 40% de mujeres en las promociones de acceso para 2030. En 2022, la Dirección General de Policía impulsó un paquete de medidas de acción positiva con el objetivo de alcanzar al menos el 40 por ciento de mujeres en las promociones de acceso al cuerpo antes del año 2030. En este sentido, en la normativa de Procesos Selectivos se incluye una serie de iniciativas para aumentar la presencia femenina en las listas de aspirantes a ingresar en el cuerpo mediante oposición libre, tales como la eliminación del requisito de estatura mínima para las mujeres o la supresión de las trabas de acceso que sufrían en los periodos de gestación, parto o postparto.

La Policía Nacional ha ido más allá del mero cumplimiento de los mandatos de igualdad institucionalizando la perspectiva de género, reconociendo explícitamente el valor añadido que las mujeres aportan a la eficacia policial y aprovechando estratégicamente la diversidad para mejorar la eficiencia operativa y su posición en la sociedad. Este cambio cualitativo es un indicador significativo de aprendizaje y adaptación institucional. Finalmente, la Policía Nacional continuará persistiendo en el logro de una representación equitativa y efectiva de la mujer, la implementación de políticas de igualdad de género, la promoción de la conciliación laboral y familiar, y la erradicación de cualquier forma de discriminación o sesgo de género.

La Comisaría General de Información y la lucha contra ETA

En el ámbito de la Policía Nacional, la Comisaría General de Información (CGI) —encuadrada en la Dirección Adjunta Operativa— es el órgano responsable de todas las actividades relacionadas con la Seguridad Interior del Estado, siendo su misión la «captación, recepción, tratamiento y desarrollo de la información de interés para el orden y la seguridad pública», singularmente en el ámbito de la lucha antiterrorista, tanto a nivel nacional como internacional. Con el advenimiento de la democracia, el RD 1375/1978 reestructura la Dirección General de Seguridad asignando a la CGI la función de organización y gestión de la información de interés para la seguridad

Como servicio de información de la Policía Nacional tiene una doble vertiente: por un lado, realiza funciones de inteligencia —operativa y estratégica— y, por otro, detenta capacidades de policía judicial, bajo las órdenes de jueces y fiscales, lo que le permite no solo prevenir, sino también perseguir el delito de manera integral. Esta capacidad, reforzada por una constante modernización tecnológica, ha resultado clave para la seguridad de España en un entorno de amenazas en constante evolución.

Las actividades de la Comisaría General de Información se encuentran bajo un estricto marco legal que busca equilibrar la necesidad de confidencialidad operativa con los principios de un Estado de derecho.

El carácter secreto de sus actividades es una de las características de mayor singularidad de la CGI. En este sentido, el Acuerdo del Consejo de Ministros de 28 de noviembre de 1986 otorgó la clasificación de secreto a «*:... la estructura, organización, medios y procedimientos operativos específicos de los servicios de información, así como sus fuentes y cuantas informaciones o datos puedan revelarlas*».

Posteriormente, el Acuerdo del Consejo de Ministros de 16 de febrero de 1996 catalogó como secreta «*...la estructura, organización, medios y técnicas operativas utilizadas en la lucha antiterrorista por las Fuerzas y Cuerpos de Seguridad del Estado, así como sus fuentes y cuantas informaciones o datos puedan revelarlas*».

La CGI forma parte de la Comunidad de Inteligencia española y se inserta en un complejo entramado de colaboración nacional e internacional, donde la coordinación resulta vital para una respuesta eficaz frente a amenazas globales. La dimensión global de amenazas como el terrorismo, la radicalización violenta, las ciberamenazas, el crimen organizado desestabilizador del Estado y sus instituciones o las injerencias estatales o paraestatales de estados hostiles hace indispensable la cooperación con agencias de seguridad y servicios de inteligencia extranjeros.

Como ya se ha referido, el contexto político del advenimiento de la democracia resultó necesario para la plena integración de la mujer en la Policía Nacional y para una equiparación efectiva con igualdad de oportunidades y acceso a todos los roles, incluidos aquellos esenciales como la lucha antiterrorista. La amenaza terrorista de ETA marcó profundamente la historia contemporánea de España durante más de cinco décadas, siendo su máximo referente la actuación de esta banda criminal.

En este escenario de constante amenaza, la Policía Nacional emergió como un actor esencial en la respuesta del Estado al terrorismo. La institución se vio obligada a profesionalizar y adaptar sus estrategias desarrollando métodos de prevención, investigación y desarticulación de organizaciones violentas (ETA, FRAP, GRAPO, MIL, Terra Lliure, Exército Guerrilheiro do Povo Galego Ceive, etc.). Con el tiempo, la lucha antiterrorista se sofisticó, incorporando técnicas avanzadas de inteligencia, vigilancia y cooperación, lo que contribuyó de manera significativa a la eliminación de la actividad terrorista de ETA. Desde la incorporación de la mujer a la Policía Nacional en 1979, su presencia en la CGI se ha incrementado de manera notable, desarrollando todas las funciones propias del centro directivo relacionadas con el antiterrorismo y, singularmente, en la lucha contra la organización terrorista ETA. La experiencia de integrar mujeres en un contexto tan exigente ha generado lecciones valiosas y mejores prácticas.

Presencia femenina en la lucha contra ETA

La progresiva incorporación de la mujer en la Policía Nacional, un lento proceso a lo largo del siglo XX adquirió una relevancia particular en el contexto de la lucha antiterrorista y, muy especialmente, en lo relativo a la banda armada ETA. Su presencia resultó un vector de transformación que aportó nuevas perspectivas, talentos y un estilo de trabajo que enriquecieron a la CGI y mejoraron su eficacia operativa en el combate contra la organización terrorista. Tras la amnistía de 1978, ETA lejos de desaparecer incrementó exponencialmente su actividad violenta y diversificó sus tácticas: atentados con armas y explosivos, empleo del coche bomba, secuestros y amplio el rango de sus objetivos a asesinar. Ante esa ofensiva que se mantuvo durante la década de los ochenta, la Policía Nacional reconfiguró su estrategia y estructura para hacer frente a ese fenómeno creciente.

Además de una mejora en la coordinación, incremento de la dotación material y el capital humano o novedosas metodologías investigativas y de inteligencia, la certeza de que para derrotar a la banda armada era necesario recopilar información y saber lo que ocurría en su seno —especialmente en su santuario en Francia—

llevo a implementar estrategias basadas en el uso de agentes de inteligencia.

La necesidad de llevar a cabo infiltraciones y recolectar información de manera discreta, especialmente en entornos hostiles —el ámbito de la organización terrorista y su entramado de apoyo del Movimiento de Liberación Nacional Vasco (MLNV)— donde la presencia de hombres resultaba más llamativa o sospechosa permitió incorporar a agentes femeninos en labores operativas y de inteligencia. La arquitectura clandestina de ETA y su implantación en todo el espectro social vasco y navarro hacían que los procedimientos y técnicas de investigación tradicionales resultaran, en ocasiones, insuficientes. En este contexto, la capacidad de las mujeres para operar con menor visibilidad en ciertos ambientes o para establecer contactos de confianza con más éxito que un agente masculino, supuso un activo de altísimo valor que aceleró su acceso a funciones más allá de los meras de gestión o administración.

De este modo, la urgencia y la complejidad de la lucha contra ETA, que demandaba la movilización de todos los recursos materiales y humanos disponibles, actuó como un catalizador para acelerar la integración de las mujeres en roles operativos y de liderazgo dentro de la lucha antiterrorista. En la actualidad, varias mujeres que han desarrollado la mayor parte de su recorrido profesional en la lucha contra ETA forman parte de la Escala Superior de la Policía Nacional y algunas siguen desempeñando labores de inteligencia para la Seguridad Interior del Estado. El compromiso y la implicación de la mujer en las esferas operativa y analítica, tanto en la investigación de la propia organización terrorista como de su entramado sociopolítico de apoyo, contribuyeron decisivamente en la derrota de ETA. El resultado de esta exitosa participación de la mujer en la lucha contra esta organización terrorista ha estimulado a cuerpos de seguridad de otros países a inspirarse en el sistema de integración del sexo femenino en labores de seguridad y, esencialmente, en la lucha contraterrorista, para entender y combatir fenómenos como la participación de mujeres como combatientes terroristas extranjeros (CTE) que integran grupos yihadistas de ámbito global.

El asesinato de Zarauz (Gipuzkoa)

La participación de las mujeres en la Policía Nacional, a través de la CGI, trascendió las funciones de gestión y logística para convertirse en una fuerza activa y esencial en la derrota absoluta de ETA. Su presencia en la vanguardia antiterrorista se manifestó a través de sacrificios personales y dispositivos operativos de alto riesgo. En este sentido, la Policía Nacional tiene como víctima mortal y héroe a la inspectora María José García Sánchez, la primera mujer de un cuerpo de seguridad asesinada por ETA y la única integrante de los FCSE fallecida en un enfrentamiento directo con miembros de una organización terrorista.

En la madrugada del 16 de junio de 1981, la inspectora María José García, de tan solo 23 años, fue asesinada por activistas de la rama Militar de ETA[4] en Zarauz (Guipúzcoa).

María José formaba parte de la primera promoción de mujeres inspectoras del Cuerpo Superior de Policía y estaba adscrita a la Brigada Central de Información, la unidad de élite de la CGI para la lucha antiterrorista, desde hacía dos semanas tras haber servido dos años en el Grupo de Estupefacientes de Sevilla. Ese día participaba en una operación antiterrorista destinada a detener a los miembros de uno de los dos *taldes* de ilegales[5] que integraban el comando *Goierri Kosta,* que operaba en algunas comarcas guipuzcoanas, y que se encontraban escondidos en un inmueble del polígono Vista Alegre 4, 6º D de Zarauz. Se da la circunstancia que uno de los componentes de este grupo, el 2 de noviembre de 1979, ya intentó asesinar a un miembro de la Guardia Civil en ese mismo barrio.

Tras entrar en el vestíbulo del edificio, mientras un grupo de inspectores subía en el ascensor hasta el sexto piso donde estaban los terroristas, otro grupo quedó en el portal cubriendo una posible fuga y entre estos agentes estaba María José García. Sin embargo, los liberados detectaron el operativo policial e iniciaron la huida. La ins-

---

4 En aquella época, la organización terrorista tenía dos ramas diferenciadas: ETA (m) Mililtar y ETA (pm) Político Militar.

5 Grupo de liberados o ilegales de ETA. Compuesto por individuos que pasaron a la clandestinidad tras su militancia legal.

pectora comenzó a subir por la escalera y al llegar a un descansillo, entre el portal y el primer piso, se encontró con los terroristas, que dispararon dejándola mortalmente herida. A continuación, se entabló un fuerte tiroteo, durante el cual los miembros de ETA lanzaron dos granadas de mano y huyeron tras disparar a la cerradura de una vivienda del primer piso. Una vez allí, saltaron por la ventana de una de las habitaciones, que daba a un talud que minoraba la altura, y consiguieron escapar por el monte. Los tres liberados o ilegales que escaparon llevaban tiempo integrando uno de los *taldes* del comando *Goierri Kosta*, siendo responsables de múltiples asesinatos de policías nacionales y guardia civiles. El grupo estaba compuesto por Miguel Antonio Goicoechea Elorriaga @ *Txapela* —líder del grupo—, Ángel María Tellería Uriarte @ *Antxoka* y José Luis Eciolaza Galán @ *Dienteputo*.

Por la declaración de un *laguntzaile* o colaborador, que tras el asesinato los escondió en la localidad guipuzcoana de Zizúrkil y que fue detenido en abril de 1983 cuando formaba parte del comando *Madrid*, se pudo determinar que *Txapela* intentó disparar con un subfusil —pero este se encasquilló— mientras *Dienteputo* disparó contra la inspectora María José GARCÍA, que falleció en el acto por un impacto en la cabeza. Hasta la fecha ninguno de los tres miembros del comando ha reconocido la autoría directa en el asesinato de María José:

Miguel Antonio Goicoechea *Txapela*, originario de Vizcaya y uno de los miembros de ETA más sanguinario en aquella época, murió el 1 de enero de 1984 tras ser herido en un atentado de los GAL en San Juan de Luz (Francia).

El guipuzcoano Ángel María Tellería *Antxoka*, detenido el 23 de febrero de 2017 en la localidad mexicana de León (Guanajuato) en una operación desarrollada por el Centro de Investigación y Seguridad Nacional (CISEN) de México y la Comisaría General de Información de la Policía Nacional española. En la actualidad se encuentra encarcelado en un centro penitenciario del País Vasco tras ser condenado, en 2018, a 26 años de prisión por su participación en el asesinato de María José García. En la vista oral admitió su pertenencia al comando, pero negó la autoría del disparo. La perseverancia y la constancia durante 36 años permitió arrestar a este criminal pocos días antes de que prescribiera el asesinato de María José García.

José Luis Eciolaza *Dienteputo*, originario de Álava, se encuentra en paradero desconocido y tiene en vigor una orden de detención internacional por el crimen. Este terrorista pasó a la clandestinidad en diciembre de 1978 como consecuencia de la desarticulación del comando legal de ETA (m) del que formaba parte. Tras refugiarse en Francia, pasó a España como miembro ilegal del comando *Goierri Kosta*. En diciembre de 1991 en Angers, fue detenido por la Policía gala en unión de otros miembros huidos de ETA, siendo denegada su extradición por la Justicia francesa debido a defectos formales en la solicitud. Durante años residió en México y Venezuela, ignorándose en la actualidad su ubicación. La CGI de la Policía Nacional continúa buscándole para ponerlo a disposición de la Audiencia Nacional por sus múltiples crímenes.

Para comprender el nivel de violencia y de impunidad de ETA (m) en aquellos años, el 24 de junio en Tolosa (Guipúzcoa), el comando *Goierri Kosta*, —ocho días después del asesinato de María José— asesinó a tres ciudadanos vascos que vendían material didáctico para estudiar euskara porque fueron confundidos con policías de paisano. Y repitieron una acción similar, el 19 de febrero de 1983, también en Tolosa, cuando ametrallaron a un detective privado y su esposa pensando que eran inspectores de Policía.

Esta inspectora, nacida en Madrid el 6 de abril de 1958 e hija de un guardia civil, y su hermana pequeña —también policía de la Escala Ejecutiva— siempre desearon unirse a la Policía Nacional. Tras jurar el cargo en junio de 1979 fue adscrita al Grupo de Estupefacientes de la Brigada de Policía Judicial de Sevilla. Al cabo de dos años solicitó su traslado a la Brigada Central de Información en Madrid. En su primer viaje al País Vasco fue asesinada en la provincia de Guipúzcoa, como ya se ha reseñado anteriormente.

A pesar de la oposición familiar, su hermana Almudena decidió seguir sus pasos, impulsada por la convicción de que era lo que María José hubiera querido, e ingresó en el Cuerpo Superior de Policía. En la actualidad es inspectora jefa en segunda actividad y defiende la importancia de recordar a su hermana y a todas las víctimas del terrorismo como héroes que dieron su vida por España y la democracia, a pesar del sufrimiento que esto implicó para su familia. En una entrevista a un medio de comunicación escrito, en 2024, manifestó «...todos los años que han pasado y todos los días pienso en ella. Hablo de ella y me alivia, me siento bien. Intento que no la olvide la gente...Vemos fatal que esta gente, del tiro en la nuca, estén en las instituciones».

El cuerpo de María José descansa en el cementerio de Ciruelos (Toledo), localidad de la familia. Allí, el ayuntamiento le ha dedicado su nombre al parque de la Libertad, donde figura una placa con la inscripción «*en reconocimiento a su sacrificio personal en defensa de los valores democráticos*». A pesar de la tragedia personal que supuso la muerte de María José García, su sacrificio y recuerdo perdura en el cuerpo, de tal manera que desde 2024, el 16 de junio —fecha de su asesinato— sirve para conmemorar el «Día de las víctimas del terrorismo en la Policía Nacional» (188 policías nacionales fueron asesinados víctimas del terrorismo entre 1968 y 2015). Todos los años se rinde un homenaje para honrar a los fallecidos y a sus familiares como muestra de reconocimiento, respeto y solidaridad, para que su memoria se perpetúe en el seno de la institución policial y en el resto de la sociedad de acuerdo con los principios de memoria, dignidad, justicia y verdad.

Por su profunda carga emotiva en el seno de la Policía Nacional y por su valor como forma de reflejar al exterior el gran coste sufrido para proteger y fortalecer la democracia en España, esta conmemoración constituye el tercer gran evento institucional que celebra el cuerpo, junto con el aniversario de su creación, el 13 de enero, y la festividad de sus patronos, los Santos Ángeles Custodios, el 2 de octubre.

Dentro de la edición anual de los Premios Policía Nacional por la Igualdad, uno de los tres galardones otorgados por la institución lleva el nombre de María José García Sánchez y se concede a aquellas personas que desarrollan o promueven la igualdad de oportunidades en el ámbito de la Policía Nacional.

La penetración en la banda armada

Durante las más de cinco décadas de violencia de ETA, con sus diferentes acepciones y escisiones —ETA, ETA V Asamblea, ETA (m), ETA (pm), Comandos Autónomos Anticapitalistas o Iraultza—, la organización terrorista fue objeto de seguimiento por parte de los servicios de información e inteligencia del Estado. Para ello se utilizaron diferentes técnicas y, entre ellas, se encontraba la penetración en la banda armada y en su entramado sociopolítico de apoyo —el MLNV o la izquierda aberzale—. Habitualmente, las operaciones de inteligencia para realizar esa infiltración se ejecutaban con personas conocidas de los entornos sociales que daban cobertura a la organización terrorista o. incluso, con alguno de sus integrantes. Conviene reseñar que penetrar en ese entorno y, especialmente en ETA, era extremadamente difícil, por el hermetismo y clandestinidad con el que desarrollaba sus actividades delictivas.

Como ejemplo de este tipo de operaciones se puede reseñar la personalizada por Mikel Lejarza Eguía @ *Lobo* que permitió en los estertores del franquismo al Servicio Central de Documentación (SECED) —dependiente de Presidencia del Gobierno— desarticular buena parte de ETA (pm). Sin embargo, en pocas ocasiones los servicios de información e inteligencia españoles utilizaron a integrantes de sus propias organizaciones para penetrar en el interior de la banda armada. En este sentido, la Policía Nacional utilizó a un agente de inteligencia femenino para llegar a las entrañas de la banda, singularmente, hasta el comando de ilegales *Donosti*, buque insignia de ETA —junto con el grupo que operaba en Madrid— en su estrategia de terror. En estas líneas se va a relatar de forma sucinta la intervención de esta mujer policía, en la que por obvios motivos de seguridad se preservará su intimidad y anonimato sin que figure su nombre, categoría o ningún dato relativo a su persona.

Este caso representa un ejemplo magnífico de la contribución femenina de la Policía Nacional en la lucha contra ETA, en esta ocasión como agente de una operación de inteligencia que se prolongó durante más de siete años. Para la materialización de esta operación fue necesario una estricta discreción y una capacidad de adaptación a un entorno enormemente hostil que solo pudo llevarse a cabo gracias a que la agente de inteligencia evidenció un nivel de sacrificio, coraje y compromiso inigualable.

Bajo una identidad supuesta y como simpatizante del, en aquel momento pujante, Movimiento de Objeción de Conciencia se integró en el entorno del MLNV en Guipúzcoa. Con mucho talento y determinación, y tras un proceso paulatino y prudente, fue participando en actividades sociales, reivindicativas y lúdicas que le permitieron ganarse la confianza del mundo impenetrable que sostenía a la banda armada.

Gracias a ello, a finales de 1997 recibió una misiva de José Javier Arizcuren Ruiz @ *Kantauri*, responsable del Aparato Militar de ETA y autor material de numerosos atentados con resultado de muerte, en la que le ofrecía trabajar como *laguntzaile/* colaborador de la organización terrorista. En su piso tuvo que alojar a durante más de un año a los dos miembros del comando de ilegales *Donosti*. En 1998, la organización terrorista estableció de forma unilateral lo que en su terminología denominaba un «alto el fuego», lo que el ministro del Interior de la época, Jaime Mayor Oreja, popularizó como una «tregua trampa».

Su esfuerzo permitió conocer las verdaderas intenciones de la banda armada: utilizar ese periodo de inactividad violenta para reorganizarse y volver a perpetrar atentados, como así ocurrió. Gracias a ella, el 10 de marzo de 1999 los dos miembros liberados del comando *Donosti* —Sergio Polo Escobés @ *Lur* y Kepa Etxebarria Sagarzazu @ *Sky*— y todos sus comandos legales satélites y *laguntzailes* de infraestructura en Guipúzcoa fueron detenidos por la Policía Nacional. Gracias a esta operación se frustraron numerosos atentados que tenían previsto cometer contra políticos, magistrados, policía y guardias civiles. La culminación de este dispositivo permitió, por primera y única vez en la triste historia de ETA, la detención de todos los integrantes de ese conglomerado terrorista —también denominado «complejo *Donosti*» por su enorme magnitud—, y sin que perpetraran ningún atentado.

El éxito de esta operación de inteligencia y su carácter prospectivo y preventivo fue enorme. Meses después de esta desarticulación se consumaron las intenciones de la banda armada que la agente de inteligencia había proporcionado y que ciertos sectores políticos, mediáticos y de la opinión pública ponían en duda. En diciembre de 1999 —ese año no se perpetró ninguna acción criminal—, ETA rompió la «tregua» y comenzó una campaña terrorífica de atentados que se saldó con 23 asesinados en 2000 y 15, en 2001, todo ello bajo la dirección del en ese momento líder, el sanguinario Javier García Gaztelu @ *Txapote*—detenido por la CGI y la Policía Judicial francesa ese año—, que había reemplazado a *Kantauri* al frente de la organización terrorista.

Por si fuera poca su abnegación y generosidad, su trabajo también tuvo consecuencias en el ámbito familiar. Tiempo después la revista de la izquierda aberzale *Ardi Beltza* /Oveja negra, en un artículo firmado por Pepe Rei y Nekane Txapartegi, difundió su verdadera identidad y publicó fotos del domicilio de sus padres.La capacidad de esta policía nacional para interactuar en un entorno abiertamente hostil y conseguir entrar en una organización tan hermética y clandestina como ETA, evidencia la importancia que tiene el género femenino en arriesgadas operaciones de inteligencia. Además del enorme arrojo demostrado por esta policía, es menester resaltar el alto coste personal que supuso el desarrollo de sus actividades de inteligencia. Igualmente, y por motivos obvios, su trabajo soterrado y anónimo ha carecido del reconocimiento público que han recibido otros miembros de la Policía Nacional por su labor en la lucha antiterrorista.

Finalmente, sobre la actuación de esta agente de inteligencia de la CGI se ha realizado una película de ficción titulada *La infiltrada* que ganó diversos premios Goya —entre ellos *ex aequo,* el de la mejor película, y la mejor actriz— y que sorprendentemente, meses antes, no fue seleccionada para su exhibición en el Festival de Cine de San Sebastián. Precisamente, en el Zinemaldia de 2025 se va a estrenar otro film de ficción basado en la intervención de esta policía.

Conclusión

La Policía Nacional fue la primera institución estatal de seguridad en incorporar a la mujer y en la actualidad es todo un referente para otras organizaciones, tanto dentro como fuera de España, en la gestión de la igualdad, la diversidad y el talento.

Desde la incorporación efectiva de la mujer en la Policía Nacional en 1979, su presencia no ha hecho más que crecer en el ámbito securitario, accediendo a todas las escalas, categorías y especialidades y a los más altos puestos de responsabilidad y dirección.

En aras de construir un modelo de seguridad pública eficiente y moderno, la institución —integrada en el Sistema de Seguridad Nacional establecido por la Estrategia de Seguridad Nacional— apuesta por alcanzar una representación equilibrada de ambos sexos y garantizar la igualdad de oportunidades en todas las escalas y categorías.

La contribución de la Policía Nacional fue determinante en la derrota de ETA, siendo la responsable del 53,4% de los detenidos en España y Francia relacionados con esa organización terrorista

Los miembros de la Policía Nacional estuvieron siempre en la primera línea de la lucha contra el terrorismo. Un total de 188 fueron víctimas de ese fenómeno violento, la mayoría de ellas, asesinados por la organización terrorista ETA.

En la memoria de la Policía Nacional siempre estará la vocación y servicio público de la inspectora María José García, la primera integrante de los FCSE y la única agente de la institución asesinada por ETA. Su ejemplo coadyuva a resaltar el relato de las víctimas de la banda armada que algunos quieren desvirtuar de manera falaz y totalitaria.

La policía, que como agente de inteligencia fue determinante en la desarticulación del comando *Donosti* y en la revelación de la siniestra estrategia terrorista de ETA para la ruptura de la «tregua» en 1999, ha quedado en el imaginario de la Policía Nacional —y de la sociedad— como un modelo difícilmente superable de resiliencia, valentía y sacrificio.

Finalmente, este capítulo ha detallado la trayectoria de la mujer en la Policía Nacional, desde sus inicios en labores puramente administrativas hasta su total y esencial participación en la lucha contra ETA. La evolución de su rol ha sido un reflejo tanto de los cambios socioculturales en España durante el último medio siglo como de las necesidades operativas de una institución que ha sabido readaptarse ante la evolución de los riesgos y amenazas para la Seguridad Interior.

Bibliografía

Domínguez, F. (2012). *ETA: La historia no contada. El papel de las mujeres en la organización.* Madrid: Tecnos.

Fernández Soldevilla, G. (2021). *El terrorismo en España.* Madrid: Cátedra.

Fuentes documentales e institucionales

Centro Memorial de las Víctimas del Terrorismo. Fondos documentales y testimoniales sobre ETA.

Revista MUFACE – Función Pública. (2019). *40 años de la mujer en la Policía Nacional* (núm. 249). Mutualidad General de Funcionarios Civiles del Estado.

Fuentes periodísticas y audiovisuales

Artículos y reportajes publicados en *La Razón, La Sexta, Onda Cero* y *RTVE* sobre mujeres en la Policía Nacional y víctimas del terrorismo.

CAPÍTULO V
LA MUJER GUARDIA CIVIL EN LA LUCHA CONTRA ETA

MANUELA SIMÓN FERNÁNDEZ

Años 80: Punto más álgido de ETA. El Estado se levanta

En España asimilábamos la democracia, las elecciones de 1982 fueron el comienzo de la alternancia. El Gobierno del PSOE inicio para la mayoría de los españoles una nueva etapa histórica. ETA, principalmente, y otras organizaciones terroristas se esforzaban por una vuelta a nuestras contradicciones. Para muchos de estos asesinos, ahora o nunca, era el momento de doblegar al Estado y a la sociedad y llevarla a los paraísos que cada uno prometía. Tras la amnistía concedida a todos los presos en 1977, la banda terrorista ETA se encontraba en su punto más álgido, ya que la mayoría de ellos volvieron a reintegrarse en la organización terrorista.

Solamente, en el periodo de 1980 a 1990, ETA asesinó a 438 personas de los cuales 116 eran guardias civiles. En esta década, la banda terrorista cometió sus tres mayores masacres, en concreto, el 14 de julio de 1986 ETA asesinaba a doce (12) guardias civiles y hería a sesenta (60) de ellos, al hacer estallar un coche bomba, al paso de un convoy de la Guardia Civil, en el que viajaban por la plaza de la República Dominicana de Madrid.

Un año después, en 1987, ETA cometía dos de los atentados más atroces de su historia; el 19 de junio en el aparcamiento subterráneo del centro comercial Hipercor de Barcelona, hacia estallar un coche bomba en el que resultaron muertas quince (15) personas, entre ellas cuatro (4) niños. Murieron quemadas o asfixiadas, seis (6) más fallecerían en los días siguientes, además de cuarenta y cinco (45) heridos. A ETA no le importó incluir a mujeres embarazadas y niños;

y el 11 de diciembre, contra el cuartel de la Guardia Civil de Zaragoza haciendo explosionar un vehículo bomba, resultando muertas once (11) personas, tres (3) guardias civiles, dos (2) esposas, cinco (5) niños, y un adolescente de 17 años, además de 65 heridos.

En estos dos últimos atentados ETA estuvo muy cerca de pasar el punto de no retorno. En los Servicios Policiales se suelen tener estos dos atentados como aquellos que transformaron la visión de la banda terrorista, en la mayoría de los ciudadanos. ETA venía de la lucha antifranquista con un halo, en algunos sectores, de luchadores por la libertad, hasta cierto punto, esos sectores, lo justificaban como una necesidad y, estos dos atentados les mostraron, sin ánimo de duda, a cualquier ciudadano de bien que, ETA era el enemigo de la nueva democracia que se estaba estrenando; los explosivos mezclados con gasolina y jabón para que se quedaran adheridos a la piel mientras ardían, de forma parecida al Napal, que se utilizó en Hipercor, es la mejor definición de todo lo que ETA ha sido.

Durante toda la existencia de la banda terrorista, la Guardia Civil ha sido un "objetivo permanente", esto significa que no necesitaban pedir permiso a la cúpula para matar a un guardia civil, que siempre que podían lo realizaban sin consultar. La Guardia Civil era el enemigo principal, el resto de los asesinatos los impulsaban y justificaban con la campaña de turno.

Cuando tuvieron consciencia de que la Guardia Civil no se iba a doblegar, declararon como objetivo las casas cuarteles; la culpa de la muerte de niños, de esposas, de hijos de guardias civiles, en los cuarteles era, según ETA, de la Guardia Civil, que se protegían[1] detrás de ellos, utilizándolos como escudos. No es tan inverosímil que ETA tuviera este discurso, sino que una sociedad "cobarde" lo consumiera. En aquellos momentos los brutales atentados contra las patrullas de la Guardia Civil, la falta de medios, preparación táctica y falta de información e inteligencia había conseguido que la Guardia Civil se replegara a sus cuarteles, quedando un espacio social controlado por

---

[1] En un comunicado de ETA publicado por el diario Egin el 13.12.1987 justificaba el atentado contra la casa cuartel de Zaragoza y acusaba a las Fuerzas de Seguridad de "*parapetarse irresponsablemente tras familiares y población civil en general*".

ETA, sus simpatizantes y aquella masa social oportunista que apoyaba a los que vislumbraban como vencedores.

La banda terrorista ETA, en aquella época, iba por delante de la Guardia Civil en casi todo, será a finales de los 80 y principios de los noventa cuando la situación comienza a invertirse, coincidiendo con la incorporación de la mujer a la Guardia Civil en 1988. El Gobierno es consciente de que España puede romperse y que un grupo terrorista puede ser la fuerza hegemónica en el País Vasco, no tanto por el apoyo social, sino por ser un grupo armado frente a una sociedad que, percibe que mantener una postura equidistante, asegura su defensa.

En 1983, el Ministerio del Interior, dirigido entonces por José Barrionuevo del PSOE, diseña el plan ZEN[2] con el objetivo de enfrentarse a la violencia de ETA y frenar la situación insurreccional. En ese momento es donde, realmente, el Estado desarrolla una estrategia de recuperación del territorio y donde empiezan a facilitar a la Guardia Civil vehículos blindados que les permitían patrullar y proyectar presencia, fue el inicio real de la actividad contraterrorista. Hasta ese momento, la falta de medios y apoyo a la Guardia Civil solo le permitía retroceder.

La Guardia Civil comienza a disponer de más medios, aplican medidas de autoprotección en su vida diaria y profesional, está más preparada, estudia continuamente los movimientos de ETA, comienza a controlar el territorio, gracias al GAR (Grupo Antiterrorista

---

2 Zona Especial Norte. Los objetivos de este plan eran: *Potenciar la lucha contraterrorista, en todos los campos: político, social, legal y policial. * Alcanzar la máxima coordinación entre las Fuerzas y cuerpos de Seguridad del Estado y con otras Instituciones empeñadas en la erradicación de la violencia. *Compatibilizar las misiones generales de los Cuerpos de la Seguridad del Estado en la Zona Especial con las específicas que precisa para hacer frente a la problemática planteada. *Conseguir la permanencia en la Zona Especial del personal de los Cuerpos de Seguridad del Estado y darle la adecuada formación para que cumplan su misión con eficacia, proporcionándole los medios materiales y técnicos para tal fin. *Realizar acciones encaminadas a concienciar a la población vasca de que la desarticulación del aparato terrorista conlleva una mayor seguridad pública y una mejor defensa de las tradiciones vascas.

Rural) y empieza a controlar la información gracias a la madurez de los mismos, se crea la Unidad de Servicios Especiales (dedicada principalmente a luchar contra ETA) y el Servicio de Información de Guipúzcoa.

Con la creación de la Unidad Especial de Intervención (UEI) se consigue una capacidad de intervención armada de carácter quirúrgico. A principios de los 90 la Guardia Civil pasa de una situación defensiva a una ofensiva y a llevar la iniciativa. Empieza a desarrollarse y a obtener nuevas capacidades que la convertirán en una de las herramientas más útiles y mejor diseñadas a nivel mundial en la lucha contra el terrorismo. La Guardia Civil demostró que es el mejor elemento de vertebración en nuestro país y la punta de lanza contra los auténticos enemigos que pueden destrozar nuestra convivencia y sociedad. De nuevo, la Guardia Civil[3] demostró que es uno de los mejores inventos sociológicos de los dos últimos siglos.

En septiembre de 1988, y como una capacidad más, se inicia la integración de la mujer en la Guardia Civil. Es de destacar que, desde el primer momento, ningún lugar, ni destino de lucha ha estado vetado para la mujer en la Guardia Civil, esto dice mucho de la visión que la Guardia Civil tiene sobre la mujer AGENTE.

En el lado opuesto de quienes abrazaban la violencia terrorista, estaban las mujeres de la Guardia Civil. Su papel, a menudo ignorado por la sociedad y por las narrativas oficiales durante décadas, fue clave en uno de los periodos más duros de la historia reciente de España. Mientras algunas mujeres se integraban en ETA para sembrar el miedo, estas agentes rompieron barreras en una institución tradicionalmente masculina para enfrentarse de frente a esa misma amenaza. Este capítulo es un homenaje a esa valentía silenciosa.

---

[3] El escritor Benito Pérez Galdós (1900) señalaba que *"Fue creado en el seno de España un ser grande, eficaz y de robusta vida... la Guardia Civil".*

Incorporación de la mujer a la Guardia Civil

En 1988, un año después de los brutales atentados de ETA en Barcelona y Zaragoza, concretamente, el 18 de marzo de 1988 el Boletín Oficial del Estado (BOE) publicaba la resolución por la que se regulaba la incorporación de la mujer al Cuerpo, accediendo en condiciones de total igualdad respecto a sus compañeros. De hecho, el Régimen de Personal de la Guardia Civil recogía en su artículo 26 que *"en los sistemas de selección no podrán existir más diferencias que las derivadas de las distintas condiciones físicas que, en su caso, puedan considerarse en el cuadro de condiciones exigibles para el ingreso"*.

De las 2.817 primeras aspirantes que se presentaron a aquella convocatoria, superamos las pruebas de aptitud 198 mujeres, que nos integramos en la 94° Promoción en la Academia de la Guardia Civil de Baeza (Jaén) con el resto de los compañeros masculinos seleccionados. Los momentos de crisis facilitaron la evolución y la mujer se integraba plenamente en el Cuerpo de la Guardia Civil, no hay que olvidar que se trata de un Cuerpo Policial de naturaleza militar.

En aquellos años tanto el Ejército[4] como la Guardia Civil estaban, tradicionalmente, asociados con roles masculinos, por ello la incorporación de las mujeres a estos cuerpos militares era la demostración palpable de que era posible que Cuerpos con tan arraigada tradición y prestigio consolidados tenían la capacidad de evolucionar hacia nuevos roles de integración hombre-mujer.

---

4 El 23 de febrero de 1988 se publicó un Real Decreto que permitía, por primera vez, el acceso de la mujer a las Fuerzas Armadas del País. Tres días antes, el Consejo de ministros había aprobado el documento que regulaba su incorporación a ciertos cuerpos y escalas del Ejército bajo las mismas condiciones de acceso y promoción que los hombres. En febrero de 1989 el Consejo de ministros aprobó abrirles también el acceso a las academias generales y a todas las armas cuerpos y escalas. En 1990 se anunciaba que la mujer podría ingresar también a las Fuerzas Armadas como soldado voluntario. No fue hasta 1999, cuando Defensa decidió apostar de forma definitiva por el modelo de Ejército profesional, cuando se reguló el principio de igualdad "con todas sus consecuencias".

Diez años antes, lo habían hecho en el Cuerpo Nacional de Policía. Y en 1993 la Guardia Civil abría sus puertas a las mujeres[5] en la escala de oficiales. Esas primeras 198 alumnas comenzaron su fase de formación el 1 de septiembre de 1988 en la Academia de Baeza (Jaén), incorporándose a sus unidades en junio de 1989.

Las mujeres optaron en igualdad de condiciones que los varones a los diferentes destinos, cumpliendo ambos con los mismos cometidos. Tan solo hubo una excepción: para los Servicios de Información de la Guardia Civil (SIGC), que llevaban años reclamando la presencia de mujeres guardias civiles en las tareas de investigación dentro de la lucha contra el terrorismo. De hecho, en la misma Academia se realizó una selección de diez mujeres para incorporarse, inmediatamente, a los servicios de información: cuatro de ellas fuimos directamente al GOSI/Grupo V, grupo de apoyo operativo especializado en seguimientos, infiltración y utilización de medios técnicos.

Tres a la Unidad de Servicios Especiales (USE), Unidad con la función de investigar las acciones terroristas y, otras tres, al Servicio Central de Información (SCI), con labores fundamentales de análisis. Y es que la necesidad era tan grande que, en alguna ocasión anterior, se había tenido que recurrir a las matronas[6] o a las propias

---

5 En 1993 ingresa la primera mujer en la Academia General Militar de Zaragoza y tras cinco años de formación se convierte en 1998 en la primera mujer en ser teniente de la Guardia Civil.

6 En esos años existía la figura de "Matronas" creadas a raíz del Decreto de 14 de julio de 1950, publicado en el BOE por el que se aprobaba el "Reglamento para el Reclutamiento, Disciplina y Servicios de las Matronas afectas al Cuerpo de la Guardia Civil, cuando se dio unas normas y un articulado a las funciones y otros cometidos de estas. En el artículo 1 del capítulo 1 disponía que podían ser Matronas, solo las viudas y huérfanas del personal del Cuerpo que reunieran determinadas condiciones: * Tener la edad de 25 años cumplidos y no exceder de 45. * Encontrarse en estado de soltería. * Tener buena salud y robustez necesarias para el desempeño del cargo. * Acreditar buena conducta moral y político-social. * Demostrar la suficiencia en la prueba de aptitud conforme al cuestionario elemental en vigor.
Este colectivo tenía como principal función llevar a cabo los registros corporales a personas de su mismo sexo, necesarios para el desempeño de su misión, en el resguardo fiscal.

esposas de los guardias civiles como cobertura para realizar labores de investigación sobre el propio terreno.

A continuación, se inserta una tabla donde se puede observar el número de aspirantes mujeres y hombres a la Guardia Civil en las primeras promociones y el número de aprobados respectivamente.

ASPIRANTES A GUARDIA CIVIL POR PROMOCIONES EN LOS PRIMEROS AÑOS				
PROMOCIÓN	MUJERES		HOMBRES	
	Presentadas	Aprobadas	Presentados	Aprobados
94ª (1988)	2.817	202 (7,1%)	7.663	2.293 (29,9%)
95ª (1989)	2.125	180 (8,4%)	8.990	3.230 (35,9%)
96ª (1990)	1.888	280 (14,08%)	11.551	3.871 (33,5%)
97ª (1991)	1.814	284(15,06%)	10.512	3.614 (34,3%)
98ª (1992)	2.362	406 (17,1%)	12.123	5.163 (42,5%)
99ª (1993)	6.813	362 (5,31%)	30.741	4.962 (16,14%)
100ª (1994)	4.454	111 (2,49%)	30.677	1.947 (6,89%)
101ª (1995)	3.161	94 (2,97 %)	20.177	1.201 (5,95%)
102ª (1996)	1.410	20 (1,42%)	10.381	897 (8,64%)

Durante los años posteriores las mujeres guardias civiles fueron accediendo a todos los Servicios de Información del resto del territorio español, en igualdad de condiciones que sus compañeros de la Guardia Civil. Actualmente la mujer guardia civil está plenamente incorporada tanto en los Servicios de Información como en el resto de las especialidades y en todas las escalas de mando.

La mujer Guardia Civil desde una perspectiva operativa

La implicación de la mujer guardia civil en defensa de su sociedad ha sido igual que la de un hombre. Por supuesto, la capacidad física no es comparable, pero la entrega, valor, lealtad, sacrificio y compromiso son exactamente iguales a las de cualquier hombre. Tal vez la forma de conseguir los objetivos puede ser diferente, pero no se puede dudar de que la resolución sea menor. Las mujeres guardias civiles en la lucha contra ETA hemos estado en primera línea igual que el resto de nuestros compañeros masculinos.

Los cursos se pueden resumir en una frase que nos decían: "procura no pisar una mina, pero nunca dejes de caminar hacia el objetivo". Esta frase demuestra cómo eran los procesos de selección y preparación para acceder a las unidades de élite de Información de la Guardia Civil.

Las primeras mujeres éramos chicas entre 18 y 22 años, habíamos cambiado el patio del instituto por una "pistola". El proceso se basaba, de forma sistemática, en demostrarte que, donde tú crees que está tu límite hasta donde realmente está, existe un inmenso trecho. El entrenamiento en resistencia psicológica, en capacidades técnicas que te afianzaban la seguridad en ti misma, la posibilidad de estar alerta durante largos periodos sin desgaste emocional y físico, sin transmitir tensión y con capacidad de adaptación a cualquier situación social o escenario eran los objetivos del proceso de formación.

Los primeros años de integración, normalmente tus compañeros, grandes profesionales, te cuidaban como crías que éramos, pero a la vez te exigían la piel en cada una de las operaciones, si el miedo te bloqueaba frente al comando armado, una invitación a cambiar de destino era todo el reproche.

Esos primeros años las mujeres fuimos clave en los Servicios de Información, la capacidad de las mujeres para observar, sin ser observadas en la lucha contra ETA en la década de los 90 era enorme, porque en la cosmovisión del "*eusko gudari*[7]" no se percibía a la mujer como una posibilidad de guerrera en igualdad.

El papel de estas mujeres fue doblemente valiente: por un lado, enfrentaron el riesgo inherente al terrorismo, a la vez que, defendían la seguridad; por otro, rompieron barreras en un cuerpo tradicionalmente masculino hacia una Guardia Civil más inclusiva y moderna. Su compromiso y profesionalidad contribuyeron, significativamente,

---

7 Soldado vasco.

al debilitamiento de ETA y a la transformación interna de la Guardia Civil.

Hoy en día es tentador proclamar que fuimos luchadoras por grandes causas e inmensas banderas: la democracia, España, nuestro país, la paz; creo que no me equivocaría en decir que éramos luchadoras y estábamos dispuestas a perder nuestra vida por pequeñas, pero inmensas causas: nuestros compañeros, por nuestro grupo, por nuestra pequeña guerra, por el sufrimiento que percibíamos en los cuarteles, por las pequeñas injusticias en las caras de las madres cuando no dejaban a sus hijos jugar en los patios de los cuarteles, cuando sentíamos el desprecio oportunista de amplios sectores de la sociedad vasca y, por supuesto, hicimos todo aquello y nos jugábamos la vida muchas veces y, en numerosas ocasiones, entrábamos sin tener claro la salida, porque como todo joven de 20 años estábamos seguros y convencidos de que éramos eternos.

No tiene sentido iniciar a partir de este punto un listado de las acciones policiales de lucha contra ETA en las que estuvieron implicadas aquellas primeras mujeres y el resto que les siguieron, porque fueron en todas, la mujer fue una capacidad que poseía la Guardia Civil, que ETA le costó mucho encajar, comprender, asumir y reconocer.

La integración de la mujer en funciones de análisis

La integración de la mujer guardia civil en funciones de análisis se puede resumir en una anécdota del que, en aquel momento, era ministro de Interior, Alfredo Pérez Rubalcaba y que se produjo durante una visita a la Unidad Central Especial N° 1, especializada en la lucha contra ETA, puede dar un reflejo de lo que ha significado la Mujer en sus labores de análisis, tanto táctico como, estratégico. Mientras visitaba las instalaciones y se le presentaba a los miembros del grupo especializados en inteligencia se percató de que la mayoría de sus miembros eran mujeres.

Y con su intuición innata comentó que la razón del gran porcentaje era un hecho evolutivo, las mujeres tenían un sexto sentido y, en labores de análisis, eran más perspicaces que los hombres. La integración de las mujeres en las labores de análisis complementó los equipos de elaboración de la inteligencia. Como se decía en el epígrafe anterior, la mujer se constituyó como fuerza de choque cuando era necesaria ser fuerza de choque. A finales de los años 90 y principios de los 2000 la Guardia Civil se dio cuenta que el binomio desarticulación del comando/ acción terrorista, era un terrible equilibrio en el que siempre ganaba ETA, porque su triunfo era permanecer activo frente al Estado.

A principios del año 2000 la Guardia Civil se planteó un cambio de lucha estratégica elaborando un plan en el que se priorizaba la coordinación de tres líneas: Lucha Policial y Judicial; Consenso Político-Social y Colaboración Internacional y ahí, de nuevo, estuvo la mujer en primera línea, había agentes femeninos, analistas de inteligencia, en las tres vías prioritarias que se desarrollaron.

El área de Elaboración estaba conformada en su mayoría por mujeres que, previamente, habían sido operativas y que, tras años trabajando en la calle, realizando vigilancias, seguimientos, desmantelando estructuras directivas, desarticulando comandos etc., ahora pasaban a realizar un trabajo de análisis de inteligencia, donde su función principal era luchar contra todo el entorno sociopolítico, es decir todo el complejo de ETA/Izquierda *Abertzale* (IA), incluidos algunos referentes ideológicos. Su compromiso era total, no era un trabajo nuevo, era una continuidad de su vida operativa, muchos de sus compañeros aún estaban en la calle y a ellas les correspondía cuidarlos y mejorar su eficacia.

Este grupo de invisibles mujeres han participado en trabajos tan importantes como el encarcelamiento de la Mesa Nacional de Herri Batasuna (HB), la ilegalización HB/EH/Batasuna, ilegalización de sus organizaciones satélites (juvenil, frente amnistía, medios de comunicación etc.), es decir, todo lo que comprendía el entramado político, económico y social. A partir de ese momento, ETA estaba abocada al fracaso, aquellos que durante cuarenta años habían cooperado y ayudado a la banda terrorista ETA, comenzaban a pagar por su implicación en los asesinatos.

La estrategia de combatir a ETA desde una perspectiva global/ integral atacando a todos sus frentes fue la que, verdaderamente, los llevó a derrotar a ETA. Un nuevo desarrollo de una doctrina policial, de finales del siglo XX y principios del XXI será la que acabaría, finalmente, con la banda terrorista y todo su complejo político.

Los operativos daban tiempo desarticulando comandos de ETA y los grupos de inteligencia barrían de la historia a algunos de los ideólogos de la Izquierda *Abertzale,* principales artífices del apoyo al entramado de ETA. No se puede significar la acción de la mujer, porque la mujer se había convertido en parte de la naturaleza de la Guardia Civil, sobre todo, en aquellas unidades especializadas en contraterrorismo.

Adaptación de las mujeres a un mundo de hombres y su lucha en una zona de "conflicto" terrorista

El gran problema es que a lo largo de la historia se han arrastrado unos roles de género o función distinguiendo roles masculinos y femeninos. Hasta cierto punto, cuando el momento histórico era menos civilizado, la diferencia física podía ser determinante e, incluso, justificar los roles, conforme llegamos a una madurez social donde la violencia no tiene capacidad de justicia, estos roles, a pesar de su inercia, deben ser destruidos.

Se puede considerar que, hasta cierto punto, en estos últimos 50 años se han podido cerrar los últimos guetos laborales prohibidos a la mujer, pero esto no implica que el gran hándicap que la mujer debe abordar es integrarse en una sociedad diseñada por y para hombres. Un ejemplo de ello es la adaptación que realizaron las primeras agentes guardias civiles y, sobre todo, en servicios antiterroristas, donde debían integrarse y vivir compartiendo una misma realidad diaria con sus compañeros, éramos amigos, familia, en una relación que superaba lo profesional y se convertía en personal. Compartíamos ideología, voluntades y, siempre sabíamos que nuestra espalda la cubría un compañero. Puede ser una utopía, pero se debe luchar porque la sociedad sea también una sociedad diseñada con estructuras, valores y cosmovisión de mujer.

Como en la mayoría de los trabajos y, sobre todo, en aquellos que normalmente han estado ocupados por hombres, siempre cuesta más trabajo demostrar que puedes desempeñar la misma labor que ellos, pero las mujeres con su constancia, perseverancia y esfuerzo, al final lo han conseguido.

Para acceder a los Servicios de Información e Inteligencia a nivel operativos y, concretamente, a las Unidades especializadas que trabajaban contra ETA, donde eran innumerables las variables que se consideraban para superar los cursos de Información, las pruebas que nos hacían pasar eran muy duras y, sobre todo, enfocadas en la resistencia psicológica, sin embargo, en varios cursos de primer nivel las mujeres han quedado en los primeros puestos. Eso dice mucho de las mujeres, de la complejidad de los cursos y de la Guardia Civil. A ciertos niveles de los Servicios de Inteligencia y de Información el cerebro, el valor y el compromiso son las principales herramientas.

Mujeres guardias civiles narran su lucha contra ETA

En el epígrafe siguiente, a través de dos mujeres guardias civiles que han pasado por labores de obtención y análisis, se describen y detallan los distintos roles que ha ido tomando la mujer dentro de las funciones de la Guardia Civil, así como las singularidades que presenta su incorporación en distintas escalas de mando y, en concreto, como ha sido su trabajo en la lucha contra ETA. Para ello, ambas agentes escriben sus experiencias.

Teniente de la Guardia Civil

No recuerdo con exactitud el momento ni el motivo que despertaron en mí, desde muy pequeña, el deseo de ser Guardia Civil. Tal vez hubo una chispa concreta, aunque con el tiempo he llegado a pensar que esa vocación de servicio y de ayudar a los demás, ya vivía en mí desde siempre.

En 1988, cuando por primera vez la mujer ingresó en la Guardia Civil, yo tenía 11 años. Aquel acontecimiento marcó un antes y un después, no solo en la historia del Cuerpo, sino también en mi propia vida. Lo cierto es que, sin referentes cercanos, pues en mi familia no había nadie que fuera guardia civil, yo sentía, con una claridad que aún me sorprende, que mi lugar estaba allí: en la Guardia Civil. Era allí donde me veía, donde sentía que podía aportar algo valioso y ser parte de algo más grande.

Y así fue. En noviembre del año 2000 ingresé en la Academia de la Guardia Civil de Baeza (Jaén) para formar parte de la promoción 106. Procedía del Ejército del Aire, donde había servido como militar profesional de tropa durante algo menos de tres años, y donde también había prestado juramento a la bandera. Aquella etapa me permitió conocer de primera mano la disciplina militar en un entorno que, aunque ya contaba con presencia femenina desde hacía una década, continuaba siendo predominantemente masculino. Elegí ese camino sabiendo que, al cumplir tres años de servicio, podría acceder a las plazas restringidas que facilitaban el ingreso en la Guardia Civil. Fue una decisión meditada y convencida, que tomé con la tranquilidad de contar siempre con la aprobación y el apoyo de mis padres, algo que sin duda fue fundamental para seguir adelante.

No puedo dejar de recordar que el año 2000 estuvo marcado por uno de los atentados más dolorosos perpetrados por ETA. El 20 de agosto, en la localidad de Sallent de Gállego (Huesca), la banda terrorista asesinó mediante una bomba lapa colocada en los bajos de un vehículo oficial a dos guardias civiles: Dña. Irene Fernández Pereda, única mujer guardia civil asesinada por ETA, y D. Ángel de Jesús Encinas, su compañero. Ambos forman parte de los 210 miembros de la Guardia Civil que perdieron la vida a manos de la organización terrorista.

Tras completar mi formación en la Academia de la Guardia Civil de Baeza, en junio de 2001 salí como guardia eventual con destino al Puesto de Colmenar de Oreja, en la provincia de Madrid. Aquel fue mi primer destino, y lo recuerdo con muchísimo cariño. Cada día vestía el uniforme con más orgullo, sintiendo que empezaba, por fin, a formar parte de aquello que siempre había soñado.

Durante ese año de práctica, se anunció un proceso de selección para la Unidad Central Especial nº1 (UCE1) de la Jefatura de Información. En aquel momento, yo no tenía ni la menor idea sobre la misión exacta de esa Unidad. No existía aún la intranet del Cuerpo, y había mucho desconocimiento sobre el trabajo que realizaba cada especialidad, sobre todo el Servicio de Información.

Recuerdo que un compañero ya veterano del Puesto, a quien aún tengo presente, me advirtió: "Niña, no te metas en líos, que esa Unidad se dedica a luchar contra el terrorismo y no están las cosas para andar con tonterías".

Lejos de asustarme, la idea me seguía atrayendo, así que decidí inscribirme en dicho proceso. En ese momento, la mayor amenaza a la que se enfrentaba España era ETA. Aunque ya no eran los llamados "*años de plomo*", la violencia seguía muy presente: solo en el año 2001, la banda terrorista había asesinado a un total de 50 personas.

En junio de ese mismo año, tras finalizar el periodo de prácticas, obtuve el empleo de guardia civil profesional y como era preceptivo, me asignaron un nuevo destino: el Puesto de Villarejo de Salvanés, también en la provincia de Madrid. Allí estuve poco tiempo, hasta el mes de septiembre de 2002 cuando me incorporé al exigente proceso de selección de UCE1 que se prolongó durante casi tres intensos meses.

Se trataba de una fase muy exigente, tanto a nivel físico como mental, en la que día tras día veía cómo algunos compañeros decidían abandonar voluntariamente o, en otros casos, eran invitados a hacerlo. A pesar de la dureza, logré superar el curso y pasé a formar parte de los equipos operativos, cuya misión principal era la obtención de información directa a través del trabajo de campo, con el objetivo de detectar y desarticular las estructuras de ETA, así como evitar la materialización de acciones terroristas.

Aunque la amenaza se extendía por todo el territorio nacional e incluso más allá de nuestras fronteras, la organización terrorista mantenía sus principales estructuras clandestinas en territorio francés, así como su mayor respaldo social en el País Vasco y Navarra. Estos eran, por tanto, los principales escenarios de la labor operativa, lo que implicaba pasar largos periodos lejos de casa y compartir más tiempo con los compañeros del equipo que con la propia familia. El trabajo operativo exigía la capacidad de pasar desapercibido en la calle, saber mimetizarte con el entorno, de forma que la presencia en un lugar determinado resultara natural y no despertara sospechas.

En un primer momento, el equipo operativo en el que me ubiqué estaba integrado exclusivamente por hombres, lo que hizo que, al principio, todas mis acciones fueran observadas con especial atención. Para ellos también suponía un cambio tener una compañera en el grupo. Sin embargo, mi integración fue positiva desde el inicio. Entendí muy pronto que no podía permitirme ni una sola debilidad, por duro que fuera el trabajo. Sabía que debía rendir al mismo nivel que ellos, o incluso superarlo. Asumí que tendría que dar siempre un paso más, y esa exigencia se convirtió en mi impulso diario. Esa fue la línea que procuré mantener: demostrar con hechos que era una más, otro componente del equipo, hasta que ellos empezaron a verme así. Con esfuerzo y compromiso, logramos formar una auténtica piña, en la que cada uno de nosotros contaba por igual.

La vida operativa te sitúa en primera línea, donde se viven experiencias intensas, únicas y, a menudo, inolvidables, tanto en lo positivo como en lo más duro. Es, sin duda, una etapa extraordinaria, y me siento afortunada de haber tenido la suerte de haberla experimentado, aunque inevitablemente sea limitada en el tiempo.

Uno de los momentos más dolorosos para muchos de los que en ese momento formábamos los equipos operativos fue el atentado del 1 de diciembre de 2007 en la localidad francesa de Capbreton, en el que Raúl Centeno y Fernando Trapero, compañeros del Grupo de Apoyo Operativo (GAO) de la Jefatura de Información, fueron asesinados a quemarropa por tres miembros "*liberados*" de la banda terrorista ETA, tras ser descubiertos durante una operación que llevaba a cabo la Jefatura de Información en colaboración con la Policía francesa. Aquel trágico episodio nos enfrentó de golpe a nuestra propia vulnerabilidad, una sensación que creo que compartimos todos los que, en algún momento, habíamos formado parte de ese operativo.

En 2008 llegó el momento de dejar atrás el ritmo constante de viajes e iniciar una nueva etapa en mi trayectoria: mi incorporación como analista en la lucha contra el terrorismo. Dar ese paso no fue fácil, porque el trabajo sobre el terreno tiene algo que atrapa. Sin embargo, considero fundamental saber identificar cuándo ha llegado ese momento, aceptarlo y afrontarlo con determinación. Para mí, el cambio supuso un verdadero reto. Como todo en la vida, al principio cuesta, pero con el tiempo vas aprendiendo, y eso te permite sentirte cada vez más segura y cómoda en el nuevo rol. Durante esta etapa aprendí a investigar en profundidad y a dar sentido a la información obtenida de primera mano, transformándola en conocimiento útil para la acción operativa.

El 20 de octubre de 2011, una ETA ya agonizante tras años de intensa presión policial, anuncio el *"cese definitivo de su actividad armada"*. En ese momento, yo me encontraba realizando el curso de formación para el ascenso a suboficial del Cuerpo en la Academia de Baeza, y recuerdo aquel día como un momento de éxito: el Estado de Derecho había vencido al terrorismo. Fue una sensación de alivio y de paz, alegría que como no podía ser de otra manera fue compartida por la inmensa mayoría de la sociedad.

A partir de entonces, los recursos humanos que hasta ese momento se habían centrado en la desarticulación operativa de ETA pasaron a orientarse hacia otro objetivo esencial: la búsqueda del reproche penal que merecían todos y cada una de las acciones terroristas que había cometido ETA, así como el esclarecimiento de los crímenes aún sin resolver, tareas que la actividad terrorista constante apenas había permitido abordar.

En 2012, ya como Sargento, se me encomendó una nueva labor. Junto a un equipo excepcional, logramos avanzar de forma significativa en la búsqueda de la verdad y la justicia que todas las víctimas merecen. Sin duda, esta ha sido la tarea más gratificante en la que he participado en la lucha contra ETA: lograr la condena de quienes hicieron posible la comisión de atentados terroristas. Durante diez años desarrollé esta misión, que me permitió conocer en profundidad cómo se había estructurado la organización terrorista a lo largo de sus cincuenta años de actividad. Incluso en los contextos más complejos, tuve la oportunidad de contribuir al esclarecimiento de varios de sus atentados. Ojalá hubieran sido muchos más; ojalá pudiéramos afirmar que los más de 850 asesinatos cometidos por ETA están todos resueltos.

Pero lo que sí que podemos decir con certeza es que la Guardia Civil hizo, y continúa haciendo, todo lo que está en su mano para avanzar en la búsqueda de la verdad y de la justicia para las víctimas del terrorismo.

Recientemente, en 2024, ascendí al empleo de teniente y regresé al lugar que ha sido mi casa profesional durante casi 23 años: el Servicio de Información. Esta nueva etapa ha supuesto un cambio de rumbo, enfocado en asumir nuevos desafíos. Lo considero, sin duda, un signo positivo, ya que refleja una realidad esperanzadora: hoy vivimos sin la amenaza del terrorismo de ETA.

En este contexto, me gusta recordar una frase de Txema Montero (abogado que durante años defendió a terroristas, consejero en las conversaciones de Argel y antiguo parlamentario y eurodiputado de Herri Batasuna) pronunciada en una entrevista concedida al Diario El Correo el 7 de diciembre de 2012: "*La Guardia Civil ha sido el instrumento más efectivo en la lucha contra ETA*".

Por todo ello, me siento profundamente orgullosa de haber podido aportar mi granito de arena, junto a tantos otros compañeros y compañeras, y, al mismo tiempo, serena y tranquila al pensar que mis hijas pueden decir en el colegio, con total libertad y sin temor, que sus padres son guardias civiles.

Cabo 1º de la Guardia Civil, Manuela

En mi familia no existían antecedentes de guardia civil, pero siempre me había llamado la atención el respeto y la honorabilidad que se percibe en los pueblos cuando está presente un guardia civil. Creo que era algo diferente y que te hacia especial. Tal vez la confluencia en el tiempo de ser publicada la primera oferta de empleo público para la mujer en la Guardia Civil y, paralelamente, tener que tomar la decisión vital de los 18 años de "a que iba a dedicar mi vida" fue lo que marcó mi destino. Todavía muchos días tengo la sensación de que fui, lo que tuve que ser y, soy lo que debo ser.

Formé parte de la primera promoción de mujeres e ingresé en la Academia de la Guardia Civil de Baeza en 1988, fui seleccionada desde la Academia y salí inmediatamente destinada a la Unidad de

Servicios Especiales, en concreto al Grupo V, especializado en seguimientos y medios técnicos.

Mi vida profesional ha estado dedicada, completamente, a la lucha contra ETA en todos sus frentes, en los primeros años en una labor operativa, después como analista, luchando, mediante el combate de las ideas y los informes periciales de inteligencia en juzgados y Tribunales, contra todo el entramado terrorista de apoyo a ETA. Y en 2013 me llegó la oportunidad de ser coautora del libro "Historia de un Desafío" y, durante los años que la confección de la obra nos ocupó, tuve que profundizar en la sociología del terrorismo y observé cómo una mala historia crea en una sociedad una degradación que se llama terrorismo.

La iniciativa de integrarme en el grupo de profesionales que confeccionamos el libro me permitió conocer una cara que nunca había tocado en primera persona, esa cara son las víctimas. Por ello, toda mi fuerza, todo mi trabajo y toda mi motivación se la dedico a las víctimas del terrorismo, personas que no pueden cerrar el ciclo y seguir con su vida como los demás.

En relación con la adaptación de las mujeres a un mundo de hombres, he de matizar que cuando te tratan exactamente igual, en todos los aspectos, tú no sientes, ni detectas la diferencia. Yo percibo la Guardia Civil compuesta por guardias civiles, no diferencio entre hombres y mujeres, particularmente, nunca he tenido ningún problema. La distinción la ven los de fuera, el color verde nos iguala a todos.

Particularmente, yo no he sufrido ninguna discriminación, por el hecho de ser mujer, pero tampoco puedo obviar que, en algún caso, se haya producido, son hechos de individuos, no actitud de la Organización. Es verdad que, en las primeras promociones, a la sociedad, les costó reconocer que una mujer podía desempeñar el mismo papel que los hombres, pero con el tiempo esto fue desapareciendo. Más allá de las grandes proclamas de igualdad, puedo resumirlo como que, en un grupo de amigos, la camaradería, la implicación de unos con otros y el compromiso mutuo va más allá de nuestro sexo. Esta ha sido mi experiencia siempre en primera línea y en labores operativas y de análisis de Información.

Para trabajar en el País Vasco, un ambiente hostil, lo mejor era ser uno más, cuando tú miras a un grupo de personas por la calle, tu cerebro intenta explicarte y crea hipótesis que justifican la acción de todas ellas, te llama la atención lo diferente o fuera de lugar, esto es lo que debíamos tener siempre, una cobertura, mostrar indiferencia, ser gris y parte del paisaje. No se destacaba, no nos fijábamos, pasábamos desapercibidos, no llamábamos la atención, no éramos especiales, no teníamos interés, éramos neutros, pasábamos por allí, éramos circunstanciales. No mostrábamos movimientos, éramos absolutamente estáticos en el paisaje.

He pasado toda mi vida profesional destinada en unidades dedicadas a la lucha contra ETA y os tengo que confesar que no comprendo la razón que ha generado la necesidad de mi labor, no comprendo, como una sociedad en paz, puede generar "asesinos" que ponen el derecho a una ideología por encima del derecho a la vida, no comprendo los muertos que ha habido, que ni la historia tiene reseñas de ello, no comprendo como una sociedad puede permitir que el conflicto se alimente y se genere en su seno, no comprendo como el miedo puede atenazar a una sociedad y la equidistancia se convierta en su defensa.

Respecto al día más complicado o difícil de mi vida recuerdo dos días: el primero, no es un día fueron muchos que terminaron transformándome y mi hicieron inmensamente vieja, fueron aquellos días que tuve que recoger, para el libro "Historia de un Desafío", los testimonios de las víctimas, lloré con cada una de ellas como si fuera el día del asesinato. Cada víctima ha sido mi gran derrota.

Hasta cierto punto considero que yo no disparé, pero no pude impedir que dispararan, quizás, a través de los sentimientos, me he quedado atrapada en una red, donde cada nudo es una de esas víctimas, consiguieron que mis alas de la victoria se transformaran en pies trabados al barro. Esta experiencia me ha dado mucho, me ha demostrado que mi vida ha tenido un sentido, estar al lado de las víctimas y luchar contra los asesinos.

El segundo momento más difícil de mi vida profesional y personal, porque es el mismo binomio, fue cuando tuve que explicarles a mis hijos porque el 19.03.2018 la portada del diario GARA, tras la publicación del libro "*Historia de un Desafío*", recogía mi fotografía y me señalaba, en su típica narrativa, como la que había participado en la operación que había llevado como consecuencia la desarticulación del comando "Araba" de 1989 con el resultado de dos terroristas muertos. Sentí como los nazis desmontaban a los judíos, como se creaban enemigos mediante narrativas, cómo los inocentes eran culpables y los verdugos libertadores, me di cuenta de que cuando no pueden con tu fuerza intentan destruir tus lazos.

Por el contrario, os puedo afirmar que el día más satisfactorio en mi trabajo fue el 20 de octubre de 2011, cuando ETA, derrotada, abandonó la lucha armada, igual que muchísimos terroristas se han reconocido así mismos, como manipulados por una idea que convirtió su vida en basura, para mí, fue un día en que mi vida profesional, muy ligada a mi vida personal, tomo absolutamente sentido.

Yo siempre he estado convencida de que la razón era nuestra, pero ese día se fijó en la historia nuestra victoria. Por otro lado, hemos cerrado una guerra, la generación de mis hijos no ha heredado un conflicto intergeneracional. Creo, que la mayoría de las generaciones tuvieron sus conflictos, el de mi época fue tutelar a la sociedad desde una dictadura a una democracia plena y vencer y luchar contra aquellos individuos que nos querían llevar al caos. Luchamos y vencimos y aunque las nuevas narrativas quieran cambiar lo que paso, confío en que la historia con mayúsculas nos reconozca, no como individuos, pero si como organización, que estuvimos ahí cuando fue necesario al lado de España hacia su democracia y, de la sociedad ganando su libertad.

Nuestros héroes siempre están presentes

El 20 de agosto del año 2000 una bomba lapa colocada por los integrantes del comando legal "Ttotto" en los bajos de un coche patrulla en Sallent de Gállego (Huesca) acababa con la vida de dos agentes de la Guardia Civil, Dª Irene Fernández Perera y D. José Ángel de Jesús Encinas. El vehículo policial, un todo terreno Nissan Patrol, estaba estacionado en una plaza del pueblo cercana a las dependencias del cuartel, ambos agentes se disponían a las 06,00 horas de la mañana a iniciar su servicio habitual de patrulla por los alrededores de la localidad. Al poner en marcha el vehículo hizo explosión la bomba adosada a la parte inferior del chasis del todoterreno, que saltó por los aires.

Irene murió en el acto, su compañero fue trasladado, aún con vida, al ambulatorio de dicha localidad, pero falleció en la ambulancia camino del Hospital General de Huesca. Se trata de la primera y de la única agente femenina de la Guardia Civil asesinada en un atentado terrorista, otras agentes como Eva Pintado Robles, María José Muñoz, han sufrido la barbarie de la banda terrorista ETA, con la suerte de haber sobrevivido a ella, pero marcadas para siempre.

Por los hijos que no ha tenido, por los días felices que no ha vivido, por la sangre derramada, por haber dado todo lo que era y todo lo que podía haber sido, le he pedido a su madre que nos recuerde, quién era IRENE, y su guardia civil. Su madre, con hilo directo hacia ella, nos ha contado como era Irene y cómo fue su adaptación en la Guardia Civil.

> "Mi nombre es María Ángeles Perera y soy la madre de la guardia civil asturiana Irene Fernández Perera, que murió junto a su compañero en la localidad oscense de Sallent de Gállego, víctima de un acto terrorista.
>
> Su coche estaba aparcado en la calle durante la noche, sin ninguna vigilancia, lo que supuso el escenario perfecto para que los terroristas le colocasen explosivos debajo. Cuando ocurrió la explosión, a primera hora de la mañana, los autores se encontraban ya huidos en Francia.
>
> De noche, de forma premeditada y por la espalda. Esta fue la forma de actuar de aquellos a los que hoy abrimos las puertas de nuestras Instituciones.
>
> Fue la primera mujer y la única guardia civil asesinada en acto terrorista, me ha dejado un vació tan grande, tan grande que no sé cómo soy capaz de superarlo, por mí, por ella, seguro que está pidiendo que lo haga, entonces procuro estar entretenida hacer cosas, gimnasia, excursiones con compañeros de la Guardia Civil. El último viaje que realicé hubo un desfile y no fui capaz de permanecer ahí porque veía mujeres guardias civiles desfilando, pero mi hija no estaba ahí.
>
> Irene era hija única y además había sufrido la separación de sus padres cuando ella era una adolescente. Ella siempre tuvo la ilusión de ser guardia civil. Desde pequeña cuando veía las series americanas en la televisión decía ¿y por qué no hay mujeres en el ejército en España? Una vez que terminó sus estudios puso todo su empeño en conseguir

su meta. Ella sabía que yo hubiera preferido para ella otra profesión, pero le dije si tú quieres eso, adelante. Comenzó a prepararse las pruebas específicas para acceder a la Academia, estudios profesionales y gimnasia con un entrenador personal. Cuando por fin lo consiguió, tras mucho esfuerzo, se marchó a la Academia de Baeza, para mí fue un día triste, me quedaba sola y no sabía lo que le podría pasar, pero cuando fui a verla a la Jura de bandera y la vi tan contenta, contando anécdotas que le habían pasado, pensé es feliz, no puedo negarle esa felicidad.

Llegó a su primer destino: Graus, para luego irse voluntariamente a Sallent de Gállego, porque la montaña y la naturaleza le encantaban. Sinceramente yo tampoco pensaba que en este pueblo podía haber un atentado terrorista. Qué equivocada estaba porque Sallent es un pueblo muy turístico y venía mucha gente del País Vasco y, entre ellos, terroristas. Parece ser que había una alarma sobre un posible atentado en un cuartel. El más fácil de cometer era el de Sallent, porque a cinco kilómetros estaba la frontera con Francia para huir y porque, encima, el vehículo estaba fuera, no tenían aparcamiento.

Yo pasaba temporadas con ella y en diciembre siempre iba y regresábamos ambas para Gijón para pasar la noche vieja juntas. Yo la veía feliz. Y así murió: haciendo lo que le gustaba.

A mí me ha dejado tanta soledad, tanta, tanta, que ha habido momentos que se me paso por la cabeza hacer algo, y no debía de decirlo, aunque lo intenté, pero luego, claro, estaban mis padres, mi madre no se enteró de que su nieta había muerto, el golpe fue tan tremendo que la dejó trastornada hasta que falleció. Por otro lado, estaba mi padre, enterrado en vida. Una de las veces que acudí al psiquiatra le comenté lo de irme con ella y él me respondió, acabas de enterrar a tu hija, con la familia toda destrozada y ahora tu qué quieres destrozarla más, no sé, bajando las escaleras del médico hacia casa, alguien me quitó esa idea, probablemente fuera ella desde el cielo quién me hizo abandonar esa idea.

Y ahora aquí estoy, mis padres murieron, les cuidé hasta sus últimos días. Ando de un lado para otro, no encuentro el sitio, quiero estar siempre con alguien, no puedo estar sola, porque me muero de pena, A mí me han hundido la vida, porque he quedado sola, quien me resarce a mi esta tristeza, este dolor, esta locura, quién me lo resarce. Como creéis que me siento cuando veo que actualmente el Gobierno se preocupa más de los verdugos que de las víctimas e intenta blanquearles.

Soy creyente, pero yo no soy nadie para perdonar a estos tipos, los tendrá que perdonar Dios. Algunos días me encierro en casa, no salgo, no quiero ver nada de la televisión, no soy persona, pero luego me doy cuenta que no voy a llegar a ningún sitio, que ese comportamiento me hace daño física y psicológicamente, dado que eso no me va a devolver a mi hija. Irene tenía un alma pura, era una bellísima persona, trabajadora, era una niña que toda la vida fue consciente de la situación que había en casa. Primero fui su protectora para después convertirse ella en mi protectora, perder eso así de golpe...No hay derecho, porque si se muere de una enfermedad, haces lo que sea para sacarla para arriba, pides un crédito para llevarla donde sea, pero eso de que a las 10 de la noche me llame y me diga mama mañana no te puedo llamar porque voy a salir a primera hora de la mañana y luego te llamen a las 6,15 horas, para decirme que su hija ha tenido un accidente.

¿Cómo un accidente?, ¿en su coche?, si ella tenía servicio a primera hora. Eso es para no recordar, porque me vuelvo loca. Irene lo era todo para mí, mi sustento y mi apoyo.

Aquella mañana de agosto, cuando recibí la "maldita" llamada en la que me pedían que me acercara a Huesca, aunque en un primer momento, no me dijeron que mi hija había sido asesinada. "Me lo imaginé enseguida, entré en su habitación y comencé a dar vueltas como loca, quince días antes habíamos estado juntas y lloré cuando se marchó. Lo que no sabía aquel día, es que iba a llorar el resto de mi vida". Para mí es un honor ser la madre de ella, ya lo era antes de que fuera guardia civil, porque era una niña muy responsable, era la mejor niña del mundo, tenía un grupo de amigos estupendo con los que aún me sigo tratando, con compañeros de trabajo con amigos de Gijón.
Cada año, en el aniversario de su muerte su familia acudimos a Sallent a honrar su memoria. No podemos permitir que la memoria de las víctimas caiga en el olvido. No podemos permitir (por mucho que lo intenten), que blanqueen la herida del terrorismo. No podemos permitir que su muerte y nuestro sufrimiento sean en vano."

La mujer guardia civil, en la actualidad

Desde que se produjo la integración de la mujer en la Guardia Civil, esta Institución no ha dejado de trabajar para que exista una igualdad efectiva de mujeres y hombres.

De hecho, en 2014 en la Guardia Civil se creó un Comité para la Igualdad Efectiva de Mujeres y de Hombres con la finalidad de promover la igualdad real y efectiva entre los miembros del Cuerpo de la Guardia Civil. Aunque en los primeros años fue más difícil de aceptar, sobre todo, en la sociedad, actualmente, nos encontramos en un proceso de evolución, donde si se compara con el resto de las Instituciones de la sociedad, se podría decir que la Guardia Civil respecto a la igualdad entre mujeres y hombres va por delante. Estamos en constante evolución, la Guardia Civil ofrece oportunidades de ascenso a través de promoción basadas en los principios de mérito, capacidad y antigüedad y se puede ascender en igualdad de condiciones que los hombres, el sueldo viene marcado por el grado y el puesto que ocupas.

Aunque el número de mujeres en la Guardia Civil ha crecido de forma progresiva en los últimos años, es un porcentaje pequeño comparado al de los hombres, sin embargo, cada día que pasa el cupo de mujeres va en aumento. En marzo de 2025 de un colectivo compuesto por más de 80.000 agentes, el 10,4% son mujeres (8.200), aunque sigue siendo un tanto por ciento muy bajo, hay que tener en cuenta que no fue hasta 1988 cuando ingresaron las primeras mujeres que conformaron la 94 promoción. Igual que por lógica de tiempo a los niveles superiores aún no han llegado mujeres.

DATOS POR ESCALAS DE MUJERES EN LA GUARDIA CIVIL EN ENERO DE 2023			
EMPLEOS	**MUJERES**	**% MUJERES**	**HOMBRES**
Oficiales	171	4,85%	3.527
Suboficiales	296	4,364%	6.793
Cabos	349	4,52%	7.717
Guardias	6.256	10,36%	60.385

En cuanto al acceso a la enseñanza de formación en la Academia General de Zaragoza para oficiales de la Guardia Civil, sin titulación previa, en 2022/2023, un 27,1% del alumnado que estaba formándose en alguno de los cinco cursos de formación eran mujeres.

En 2024/2025 de 65 plazas ofertadas para oficiales de la Guardia Civil, sin titulación previa, 25 de ellas eran mujeres lo que supone un 38,5 por ciento.

Conclusión

ETA ha sido derrotada, el Estado democrático y el imperio de la ley ha vencido, la Guardia Civil ha contribuido de forma muy importante y cuando se habla de Guardia Civil, hoy en día, implícitamente, se habla también de mujeres guardias civiles. El uniforme, el compromiso, el sacrificio, el honor no tienen género en la Guardia Civil.

El Guardia Civil puede ser hombre o mujer, pero, ante todo, son personas que comparten valores, el respeto mutuo a la condición, el apoyo inquebrantable y la lealtad entre sus miembros deja fuera de la dialéctica hablar de un nivel de integración.

La mujer está integrada en la Guardia Civil porque es un guardia civil y creo que desde la perspectiva que nos da el tiempo fue una gran capacidad en la lucha contra ETA. Nuestra implicación fue exactamente igual que la de nuestros compañeros, por lo tanto, el triunfo es tan nuestro como de ellos, es de la Guardia Civil en su conjunto.

La integración de la mujer en la Guardia Civil creo que es un ejemplo de los medios, las formas y los modos en que la mujer debe integrarse en nuestra sociedad en otros ámbitos, no se integra la mujer, se les ofrecen opciones a todas las personas a complementar, apoyar y a enriquecer esos lugares de la sociedad, que permiten su avance.

Al contrario, de lo que representó la mujer en ETA, cuya integración respondió a una lógica de destrucción y violencia, la presencia femenina en la Guardia Civil simboliza una apuesta decidida por la construcción. Mientras unas buscaban romper, imponer el caos y perpetuar el enfrentamiento, otras eligieron el camino contrario mucho más complejo y valiente de crear convivencia, de tejer armonía social desde dentro de una institución que históricamente había estado cerrada para ellas. Porque hay muchas formas de destruir, pero solo existe un verdadero camino hacia la construcción de una sociedad justa: el de la paz. Y es precisamente ahí donde el empoderamiento real de la mujer cobra sentido y fuerza, no desde la violencia ni la imposición, sino desde su capacidad transformadora para impulsar el diálogo, la justicia y el respeto mutuo.

Frente a las mujeres que participaron en ETA y que contribuyeron a extender el terror en nuestra sociedad, las guardias civiles aquí retratadas eligieron el camino opuesto: proteger, construir y garantizar que el Estado de Derecho prevaleciera. No se trata solo de reconocer su profesionalidad, sino de recordar que su entrega y sacrificio permitieron que hoy podamos hablar de un país en paz. Ellas, junto a sus compañeros, escribieron una de las páginas más dignas de nuestra historia reciente.

Todas nuestras víctimas están integradas en el honor y en nuestro recuerdo, no existe distinción de género, existen héroes.

Bibliografía

Sánchez Corbí, M., & Simón, M. (2017). *Historia de un desafío: Cinco décadas de lucha sin cuartel de la Guardia Civil contra ETA*. Barcelona: Península.

Zulaika, J., & Douglass, W. A. (1996). *Terror and taboo: The follies, fables, and faces of terrorism*. New York: Routledge. https://doi.org/10.4324/9781315538846

Fuentes periodísticas y divulgativas

Artículos y reportajes publicados en *Europa Press*, *RTVE* y *Heraldo de Aragón* sobre la incorporación y evolución de la mujer en la Guardia Civil.

Contenidos divulgativos publicados en *serguardiacivil.es* sobre la historia de la mujer en la Guardia Civil.